à compulser.

la suite, T. 3 et 4, voir J. de Bourrousse de Laffore

Modèle

1756

NOBILIAIRE

DE GUIENNE

ET DE GASCOGNE.

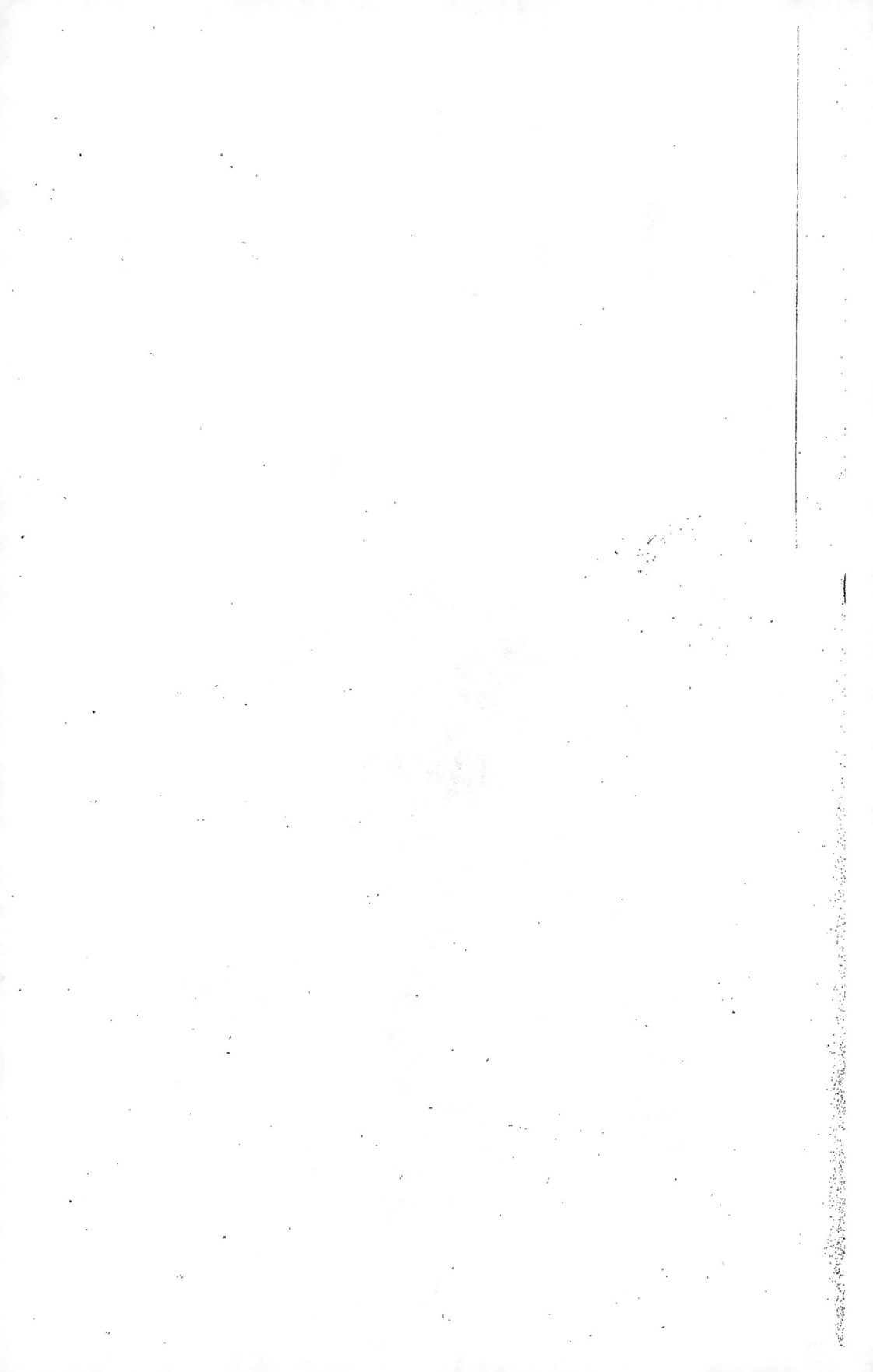

NOBILIAIRE

DE

GUIENNE

ET DE GASCOGNE

REVUE

des familles d'ancienne chevalerie ou anoblies de ces provinces, antérieures à 1789,
avec leurs généalogies et armes,

SUIVIE D'UN TRAITÉ HÉRALDIQUE SOUS FORME DE DICTIONNAIRE

PAR M. O'GILVY.

PARIS

DUMOULIN, LIBRAIRE-ÉDITEUR, QUAI DES AUGUSTINS, 13.

1858

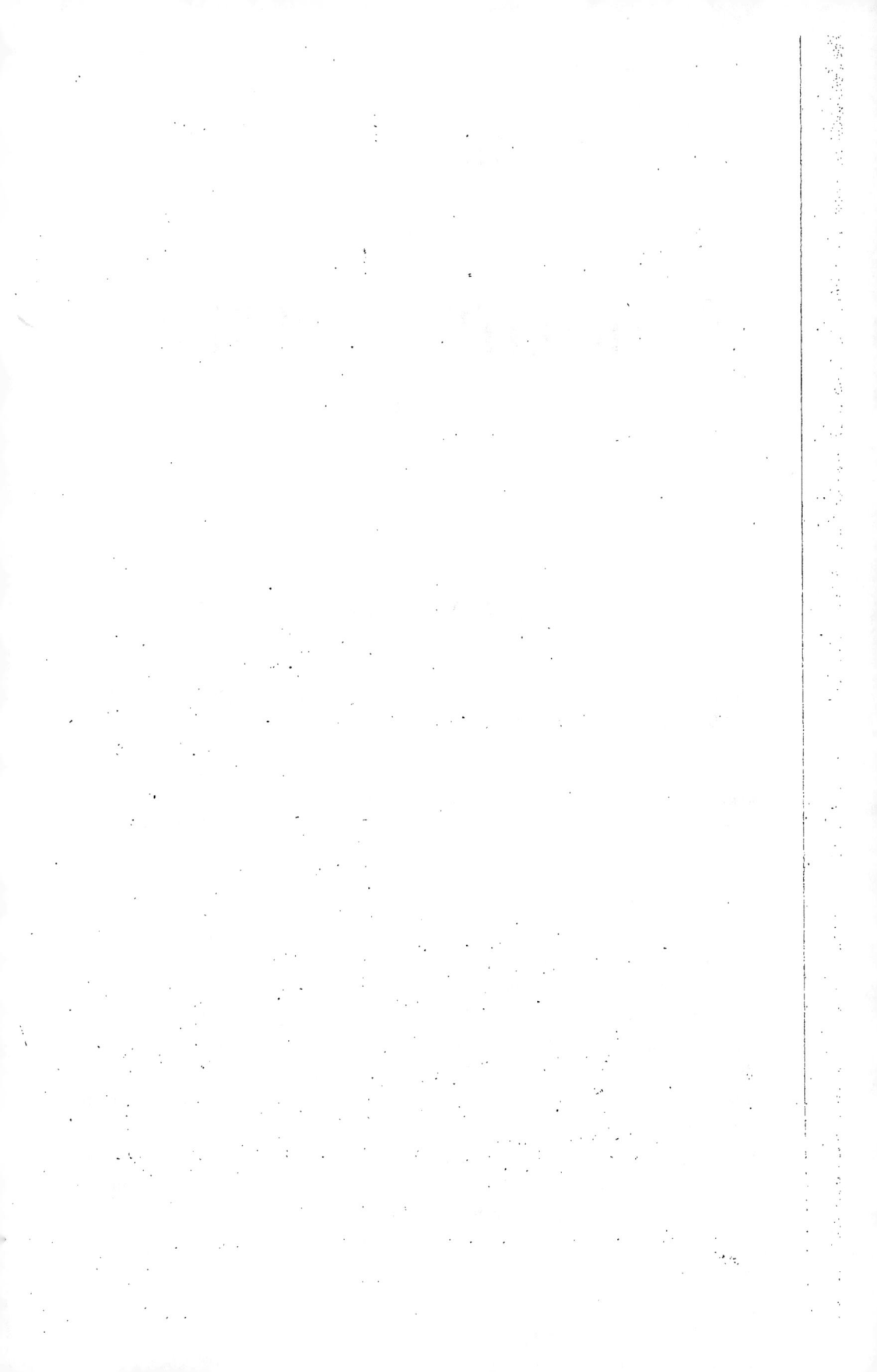

PREMIÈRE PARTIE

GÉNÉRALITÉ DE BORDEAUX

(SUITE)

DE L'ABADIE,

Honorables et nobles hommes, NOBLES, MESSIRES, ÉCUYERS, CHEVALIERS, SEIGNEURS DE L'ABADIE DE GAMARDE, AURO, GAMARDE, VERGOIGNAN, CASTERAS, BOMBARDÉ, PUYO, GAUZIES, AYDREIN, etc.; — *en Armagnac, Lannes, etc.*

ARMES : *De gueules, à deux lions affrontés d'or contre-rampants sur une montagne d'argent ; au chef cousu d'azur, chargé d'une colombe essorante d'argent.* Couronne de comte, *aliàs* casque taré de front à 5 grilles, orné de ses lambrequins de gueules, d'or, d'argent et d'azur.

Famille noble d'extraction, vouée au service militaire à partir des temps reculés où ses titres la font connaître, c'est-à-dire depuis plus de quatre siècles. Son nom s'est écrit indifféremment, dans les diplômes et dans les actes : DE ABADIA, DE LA BADIE, D'ABADIE, DE LABADIE, et enfin DE L'ABADIE, seule orthographe adoptée depuis long-temps. Elle paraît avoir tiré cette appellation de la maison noble de L'Abadie, située dans la paroisse de Gamarde, jouriction de Montfort, élection de Dax, qui fut incen-diée, ainsi que le château de Gamarde, en 1570, par les ennemis du Roi, comme le constate une enquête juridique faite devant le sieur de La Graulet, en 1617. Il résulte de cette pièce, dont nous avons reçu communication, qu'à la suite de cet incendie, motivé par l'attachement et la fidélité des seigneurs de L'Abadie envers leur souverain, tous les titres et documents anciens de la famille furent détruits.

La généalogie de cette maison est inscrite dans le tome Ier de l'ouvrage de M. de adier, folio 1, faisant suite au *Dictionnaire de la Noblesse* de l'abbé Aubert de La hesnaye des Bois. Nous y ajouterons quelques degrés et documents inconnus lors de a publication de cet article.

La notice suivante a été exclusivement dressée sur titres réguliers à partir de 1465. n rencontre dans cette longue période de noblesse les noms multiples d'écuyers, hommes d'armes, de capitaines de compagnies franches et de gens de pied, de apitaines et lieutenants d'infanterie, de chevaliers de Saint-Louis; ceux d'un lieutenant énéral des armées du Roi, d'un brigadier des troupes espagnoles, d'un maréchal de amp, etc.

Le nom de L'Abadie apparaît fréquemment dans les Mémoriaux de La Chambre es Comptes de Paris et dans des recueils de Montres et de Revues.

I. Bertrand DE L'ABADIE, Iᵉʳ du nom, écuyer, comparut avec Guitard de L'Abadie, cuyer, à la montre et revue de la compagnie des hommes d'armes du comte de Foix, omposée de 166 écuyers, pour servir contre les Anglais, laquelle eut lieu à Toulouse e 15 décembre 1428. Bertrand de L'Abadie et Jean de L'Abadie, son frère, se trouèrent aussi, le 14 janvier 1450 *(v. st.)*, à la revue des gens d'armes du comte de oix *(Mémoriaux de la Chambre des Comptes de Paris, p. 17, coté* MONTRES, *1363 à 1453)*. Bertrand de L'Abadie eut pour fils :

1º Arnaud-Guilhem, dont l'article suit;
2º Arnaud de L'Abadie, co-seigneur d'Auro avec noble Raymond de Poyanne, qui devint son héritier et vendit ladite seigneurie à Bertrand de L'Abadie, IIᵉ du nom.

II. Honorable Arnaud-Guilhem DE L'ABADIE, écuyer, seigneur de L'Abadie, de Gamarde et de Casteras, homme d'armes des ordonnances du Roi sous Olivier de Coëtivy, sénéchal de Guienne en 1460 *(Mémoriaux de la Chambre des Comptes de Paris)*, puis capitaine, fut marié, par contrat passé le 6 décembre 1465, avec Jeanne (Johanète) DE BAYLENS DE POYANNE, laquelle, étant veuve, testa, le 11 juin 1512, devant Gente, notaire royal, et institua héritier son fils, dont l'article suit, nommant pour exécuteurs de ses dernières volontés le vicaire de Gamarde; noble Guilhem de Baylens, seigneur de Poyanne; noble Jeannon de Poyanne, seigneur de Paü; noble Visens de Poyloaud, et noble Bisen de Maument, seigneur dudit lieu *(Acte en idiome gascon;* présents : honorables hommes M. Jehan de Gamarde, Vizens de Maument, Amanieu de Brocas, Johan de Abba, etc. — *Orig. produit)*.

III. Noble Bertrand DE L'ABADIE, IIᵉ du nom, écuyer, seigneur dudit lieu et de Gamarde, capitaine, épousa, en 1519, Marguerite DE BESSABAT; le 27 février 1512 *(v. st.)*, il passa quittance et compromis avec noble Henry-Bertrand de Lajus, seigneur de Labatut, et, par cet acte, ils nommèrent et établirent pour leurs arbitres les seigneurs de Poyanne et de Cassaneuil *(Signé* DE LA CROIX, *et souscription en latin de* JOHANNES, évêque de Dax, *sous l'autorité duquel l'acte est fait).* Marguerite de Bessabat, sa veuve, passa un acte, le 2 mars 1518 *(v. st.),* en qualité de tutrice de leur fils, dont nous allons parler, qu'elle appelle petit-fils d'Arnaud-Guilhem de L'Abadie. Au même nom, elle transigea, le 11 février 1520 *(v. st.),* avec le syndic des religieux de Devielle, et mentionna dans cet acte Arnaud-Guilhem de L'Abadie, *son soy* (son beau-père).

IV. Noble homme Guitard DE L'ABADIE, écuyer, seigneur dudit lieu, de Casteras et de Gamarde, épousa, en 1528, noble Magdeleine DE SERRES, de la dot de laquelle il donna quittance, le 22 avril 1559, devant de Tastet, notaire royal, à Louise de La Begatte, damoiselle. Il fit son testament le 5 novembre 1545, retenu par de Bodigué, notaire royal, et, dans cet acte, rappela son mariage et les cinq enfants qui en étaient provenus, savoir :

1° Noble Étienne de L'Abadie, écuyer, seigneur dudit lieu, de Gamarde, de Vergoignan et de Casteras, capitaine, institué héritier universel de son père, épousa Jeanne DE VERGOIGNAN, demoiselle dudit lieu, au pays d'Armagnac. Il testa le 4 mai 1576, devant d'Aguiros, notaire royal, et nomma exécuteur de ses dernières volontés Jean de L'Abadie, écuyer, seigneur de Bombardé, son frère. Il avait eu de son mariage :

A. Noble Jean de L'Abadie, écuyer, capitaine, seigneur de L'Abadie, Vergoignan, etc., assista, le 19 octobre 1602, au mariage de sa sœur, à laquelle il constitua sa dot. Selon une tradition de famille, Jean de L'Abadie s'établit en Espagne, y devint brigadier des armées de Sa Majesté Catholique, et a laissé postérité.

B. Jeanne de L'Abadie, demoiselle, mariée, par contrat passé le 19 octobre 1602, devant Cardenau, notaire royal, avec noble François de La Caze, capitaine, écuyer, seigneur de Sardiac, dans le comté d'Astarac ;

2° Jean, qui a continué la descendance ;

3° Noble Bertrand de L'Abadie, écuyer, légataire par le testament du 5 novembre 1543. De lui était issu :

N..... de L'Abadie, lieutenant général des armées du roi Louis XIV, à l'époque de la guerre de la succession d'Espagne, dans laquelle il se fit remarquer notamment à la bataille d'Almanza. Les preuves de noblesse de cette branche ont été faites devant M. de Clairembaut, généalogiste des Ordres.

4° N... de L'Abadie, } demoiselles.
5° N... de L'Abadie, }

V. Noble Jean DE L'ABADIE, Ier du nom, écuyer, capitaine pour le Roi d'une compagnie de gens de pied, seigneur de Bombardé, Puyo, Gauzies, épousa, par contrat passé le 15 octobre 1568, devant de Brethos, notaire royal, noble Jeanne DE CAMON, dame de Puyo, Bombardé et Gauzies, fille et héritière de feu Arnaud-Guilhem de Camon, écuyer, seigneur de Bombardé et de Gauzies, et de sa veuve Bertrande de Puyo, damoiselle, dame dudit lieu. Jean de L'Abadie et Jeanne de Camon furent assistés dans cet acte de : noble Étienne de L'Abadie, écuyer, seigneur dudit lieu, frère aîné du futur ; Arnaud-Guilhem de Gamarde, seigneur de Bouheben ;

ble Guy de Serres, écuyer, seigneur dudit lieu, ses cousins; Jeanne de Camon, ur de la future; noble Jean d'Ahons, écuyer, son frère utérin, et noble Pierre de mon, écuyer, seigneur de Dadou, son cousin germain.

Jean de L'Abadie et Jeanne de Camon, sa femme, firent un échange avec Mᵉ Chris- phe de La Borde, conseiller, devant du Poy, notaire royal, le 4 janvier 1587. Étant uve, et agissant en son nom et ceux de ses enfants, dont elle était tutrice, Jeanne Camon, dame de Puyo, transigea, le 5 novembre 1597, devant de Bourdos, notaire yal, avec noble Jean d'Ahons, écuyer, son frère utérin. Elle fit son testament, le 5 cembre 1605, devant de La Borde, notaire royal, et déclara avoir eu de sondit ariage :

1º Noble Jean-Charles de L'Abadie, écuyer, seigneur de Gauzies, Bombardé, capitaine d'infanterie, fut institué héritier universel par le testament de sa mère. Il eut de demoiselle Magdeleine DE CAFAGET, son épouse :

Charles de L'Abadie, écuyer, seigneur de Bombardé, marié : 1º à Marguerite DE CAUMETTE; 2º à Catherine d'Arbo. Du second lit :

Marguerite de L'Abadie, mariée à Charles d'Estoupignan, écuyer, seigneur de Balazin, gouverneur pour le Roi de la citadelle de Tournay.

2º Jean, qui a continué la postérité;

3º Magdeleine de L'Abadie, alliée : 1º à Jean-Jacques Clèdes, écuyer, seigneur d'Urgons; 2º à Jean d'Arozier, seigneur de La Barthète.

VI. Noble Jean DE L'ABADIE, IIᵉ du nom, écuyer, seigneur de Gauzies, habitant à aint-Vincent, vicomté de Marrempuyre, élection de Dax, épousa, par contrat passé 26 juillet 1619, devant de Bourdos, notaire royal, sous l'assistance de noble Charles e L'Abadie, son frère aîné, Marie D'ARTIGUENAVE, demoiselle, fille de feu noble Jean Artiguenave, seigneur, baron de Vielle, en Tursan, et de Bertrande de Prugue, emoiselle. Il fit son testament, le 25 janvier 1642, devant Despous, notaire royal, nomma ses exécuteurs de dernière volonté Charles de L'Abadie, son frère, et autre harles de L'Abadie, son neveu.

Bertrande de Prugue, damoiselle, veuve de noble Jean d'Artiguenave, écuyer, eigneur, baron de Vielle, avait fait son testament, le 19 juillet 1628, devant de ourdos, notaire royal, et assigné, par cet acte, certaines sommes à Jean de L'Aba- ie, son gendre. — En qualité de tuteur des enfants de ce dernier et de feue Marie Artiguenave, sa femme, Jean d'Artiguenave, prêtre, transigea, le 4 août 1646, evant Duguarry, notaire royal, avec noble Pierre-Antoine de Gabasbielle, seigneur e Lussan, leur oncle. Enfin, le 28 janvier 1642, le même messire Jean d'Artigue- ave, curé de Batz, agissant en la même qualité, fit faire inventaire, devant La Marque, notaire royal, des biens mobiliers dudit feu noble Jean de L'Abadie, écuyer, n présence de noble Charles de L'Abadie, écuyer, capitaine, seigneur de Bombardé, on frère aîné, et d'autre Charles de L'Abadie, écuyer, son neveu.

Jean de L'Abadie laissa de sondit mariage :

1° Charles, dont l'article suit;

2° Marie de L'Abadie, alliée, par contrat du 20 décembre 1659, à François-Louis d'Artigues d'Ossaux, écuyer, seigneur de Serres, Gaston, Saint-Julien, etc. ;

3° Isabeau de L'Abadie, mariée à Raymond de La Coste, écuyer.

VII. Noble Charles DE L'ABADIE, écuyer, seigneur de Gauzies, habitant à Vielle, épousa, par contrat passé devant Lamolie, notaire royal, le 16 février 1669, Marie D'ARBO, demoiselle, fille de noble Fortanier d'Arbo, écuyer, seigneur de Pédepeyran, capitaine dans le régiment Royal-Roussillon, et de Marguerite de Borrit, demoiselle.

En qualité d'écuyer, seigneur de Gauzies, Charles de L'Abadie, fut convoqué au ban, les 1er mai et 2 juin 1654, par M. de Poyanne ; il produisit, ainsi que Catherine d'Arbo, veuve de Charles de L'Abadie, seigneur de Bombardé, tous les titres que nous avons cités ci-dessus, à partir de 1465, devant Me Daniel d'Ailhencq, commissaire subdélégué de M. Pellot, intendant en la Généralité de Guienne, et en obtint un jugement de maintenue de noblesse, du consentement du Procureur du Roi et de celui du sieur Catel, commis à la Recherche, le 8 avril 1667.

Le 7 juin 1668, Charles de L'Abadie reçut signification, par Sarrucq, sergent royal, d'une ordonnance de M. Pellot, intendant de Guienne, portant que ceux maintenus dans leur noblesse, qui n'auraient pas remis les blasons de leurs armes au pied des inventaires de production, les remettraient au greffe du sieur d'Ailhencq pour l'Élection des Lannes. Enfin, le 22 février 1682, il fit une acquisition, devant La Marque, notaire royal, d'Arnaud de Dadou, dit *Commandeur*.

Charles de L'Abadie avait fait son testament dès le 20 décembre 1680, devant le même notaire ; il y institue héritier universel son fils aîné, issu de sondit mariage.

Dame Marie d'Arbo, sa veuve, agissant comme tutrice de ses enfants, et représentée par Pierre Ferrière, procureur au Parlement de Bordeaux, rendit hommage au Roi, à cause de son duché de Guienne, le 24 décembre 1688 (*extrait des reg. du bureau des Domaines du Roi, en Guienne, signé* PAGÈS).

Charles de L'Abadie laissa pour enfants de sondit mariage :

1° Fortanier, dont l'article suit;

2° Messire Jean de L'Abadie, prêtre, doyen et chanoine de l'église cathédrale d'Ayre, en Gascogne; mort en 1748, après avoir testé, le 28 avril de cette année, devant du Perret, notaire royal, et avoir institué héritier noble Jean de L'Abadie, écuyer, seigneur d'Aydrein, son neveu;

3° Marguerite de L'Abadie, alliée à noble Jean de Cloche, écuyer, baron de Fargues.

VIII. Noble Fortanier DE L'ABADIE, écuyer, seigneur de Gauzies et d'Aydrein, fut le premier qui prit la qualité de seigneur d'Aydrein, et voici à quelle occasion : Marguerite de L'Abadie, femme du seigneur de Balazin, ayant retrait la terre de Gauzies, qui avait été donnée en légitime, par son aïeul, à celui de Fortanier, celui-ci exigea le

artage de toutes les dépendances de la maison de Vielle, dont sa grand'mère était
o-héritière, et eut en apanage la seigneurie d'Aydrein.

Fortanier de L'Abadie fut successivement enseigne et lieutenant dans le régiment
le la Marine, par brevet du 28 août 1688, capitaine dans le régiment Royal, le 12
oût 1690 (*commission signée* Louis, *et,* par le Roi : Le Tellier). Il épousa, par
ontrat passé devant Dassas, notaire royal à Aygues-Mortes, le 11 septembre 1691,
Antoinette DE GROSSAU, demoiselle, fille de Mr François de Grossau et de demoiselle
Marie de Recollin, et sœur de Léon de Grossau, capitaine au régiment d'Anjou-
nfanterie.

Le 6 juillet 1695, Fortanier de L'Abadie obtint une ordonnance de M. de Bezons,
ntendant de la Généralité de Bordeaux, en décharge de tous droits et taxes de francs-
iefs, attendu que les titres produits *prouvent parfaitement bien sa noblesse* (*signé*
BAZIN DE BEZONS). Le 19 août suivant, il fit signifier cette ordonnance, par Du Lorans,
u sieur Bonvallet, commis des Traitants (*contrôlée à Bordeaux le 20 août 1693,
signé* Dufourcq; *homologuée à la chancellerie de Navarre, à Pau, signé* DE BRUN).

Il reçut l'année suivante du marquis de Montferrand, grand sénéchal de Guienne
et commandant de la noblesse de cette province, un certificat portant qu'il s'était
rouvé à la revue faite à Langon, lieu de l'assemblée de la noblesse, le 1er juin 1694,
n bon état de servir (*signé* MONTFERRANT; *par monseigneur,* FONTANIÈRE).

Fortanier de L'Abadie fit registrer ses armes telles que nous les avons décrites
i-dessus, à Mont-de-Marsan, en l'Armorial Général de France, le 26 septembre 1698
*arch. de l'auteur; certificat de d'Hozier, garde de l'Armorial Général de France,
signé* D'HOZIER). Il fit une acquisition du sieur de Brethous, seigneur de Lannemas,
e 17 janvier 1701, devant Mondon, notaire royal; obtint, le 10 décembre 1705, une
ordonnance de M. Yves-Marie de La Bourdonnaye, intendant ez-généralités de
Guienne, laquelle le maintenait, avec ses enfants, nés ou à naître en légitime mariage,
dans les qualités de nobles et d'écuyers ou chevaliers, et portait qu'ils jouiraient des
priviléges et exemptions attribués aux gentilshommes, tant qu'ils vivraient noblement
et ne feraient acte dérogeant à noblesse (*signé* DE LA BOURDONNAYE; *par monseigneur* GALLIN; *homologué en la chancellerie de Navarre, à Pau, signé* DE BRUN). Il
fut de nouveau maintenu dans sa noblesse de race, par jugement de M. de La Moi-
gnon de Courson, intendant de Guienne, le 6 mars 1714.

Fortanier de L'Abadie fit son testament, le 29 avril 1755, devant La Borde, notaire
royal, et institua héritier universel son fils aîné. Il laissait de sondit mariage :

1o Jean, dont l'article suit;

2o Pierre de L'Abadie, chanoine de Saint-Loubouer, au diocèse d'Ayre;

3o Demoiselle Marguerite de L'Abadie, qualifiée *de noble condition* dans la donation qu'elle
    fit à noble Jean-Pierre de L'Abadie, écuyer, son neveu, le 10 août 17.., devant
    Bilhère, notaire royal.

IX. Noble Jean DE L'ABADIE, IIIe du nom, écuyer, seigneur d'Aydrein, né au mois de septembre 1695, enseigne au régiment d'infanterie de Champigny-Bourdonné, par commission du 10 juillet 1708 (*signé* LOUIS, *et plus bas*, CHAMILLARD), fut nommé lieutenant au même corps, par brevet du 27 octobre 1710 (*signé* LOUIS). Il épousa, par pactes de mariage passés le 8 juin 1720, demoiselle Marie-Anne DOSQUE DE BLAN-QUEFORT, fille de Jacques Dosque, seigneur de Blanquefort, et de demoiselle Jeanne-Marie du Lamon (*contrôlé à St-Sever le 31 août 1732, signé* BEAUCAMP). Marie-Anne Dosque reçut une procuration, le 28 mars 1721, devant Garrelon, notaire royal, de Jeanne-Marie du Lamon, sa mère. Elle fit son testament, le 11 avril 1758, devant La Borde, notaire royal, nomma les enfants provenus de son mariage, institua noble Jean-Pierre de L'Abadie, l'aîné, son héritier, et apportionna d'une somme en argent noble Jean-Baptiste de L'Abadie, le cadet. Précédemment, et le 6 juin 1728, elle avait fait une acquisition devant La Marque, notaire royal, de Bernard Saint-Germain, dit l'*Espagnon*.

Jean de L'Abadie fit une acquisition, le 14 avril 1742, devant La Borde, notaire royal, de noble Antoine de Captan, écuyer, chevalier de Saint-Louis, ancien capitaine de cavalerie au régiment de Condé; il fit un échange devant Moncogut, notaire royal, avec Pierre de Poy, juge d'Arthos, le 17 décembre 1745; reçut une constitution de rente, le 15 février 1759, devant Sebie, notaire royal, de noble Mathieu de Vaquier, seigneur d'Aubaignan, et mourut le 9 février 1772. Il avait eu de sondit mariage :

1º Jean-Pierre, dont l'article suit;

2º Jean-Baptiste, auteur de la branche établie à SAINT-JUSTIN, dont nous parlerons plus bas.

X. Noble messire Jean-Pierre DE L'ABADIE DE GAUZIES, écuyer, seigneur d'Aydrein, né le 2 novembre 1755, fut marié, par contrat passé le 18 janvier 1759, devant Casletbert, notaire royal, avec Françoise-Catherine DE SARRAUTE DE BÉRUCHE, fille de Jean-Pierre de Sarraute de Béruche et de feue demoiselle Quitterie de Vic du Berger, et sœur de Julie-Catherine de Sarraute de Béruche, femme de Jacques de Fanget, seigneur de L'Hème, conseiller au Parlement de Pau. Avec sa femme, il donna pro-curation, le 21 janvier 1788, devant Sebie, notaire royal, à messire noble Jean-Baptiste d'Artigues d'Ossaux, lieutenant des maréchaux de France, chevalier de Saint-Louis, leur cousin. En vertu des lettres du Roi, données à Versailles le 24 janvier 1789, messire Jean-Pierre de L'Abadie fut assigné, par Duvignau, huissier royal à Geaune, le 6 mars 1789, pour comparoir en personne, ou par procureur de son ordre, à l'assemblée des Trois-États, et concourir, avec les autres députés de son ordre, à la rédaction des cahiers *(signé* DUVIGNAU, *sergent royal)*. Il eut de sondit mariage :

1º Jean-Bernard I, dont l'article suit;

2º Jean-Jacques, appelé l'*abbé* de L'Abadie, né le 24 novembre 1762, mort au séminaire de Saint-Magloire;

3º Pierre-Hilaire, chevalier de L'Abadie, né le 13 janvier 1764, mort avant 1789;

4° Pierre-Gorgonius de L'Abadie, né le 9 septembre 1766, élève au séminaire de Saint-Magloire à Paris, puis chanoine de l'église collégiale de Saint-Loubouer, mort vers 1845;

5° Jean-Timothée de L'Abadie, né le 22 août 1767, mort jeune;

6° Jean-Bernard II, chevalier de L'Abadie-Gauzies, né jumeau du précédent, cadet gentilhomme dans le bataillon auxiliaire de Lorient, fut lieutenant au régiment Royal-Martinique. Il reçut un ordre du vicomte de Damas, maréchal de camp, gouverneur des îles de la Martinique et dépendances, le 20 février 1788 (signé DAMAS; par M. le général, signé PINEL). Il existe dans les archives de la famille un certificat du ministre de la guerre, en date de Paris, le 15 janvier 1793, an II de la République, attestant que, suivant l'état de situation du ci-devant régiment de la Martinique, daté du 1er janvier 1792, le citoyen Jean-Bernard Labadie est lieutenant dans ce régiment (signé PACHE). Mort en 1816, il avait été marié avec Louise-Adélaïde CHASTEAU.

7° Jean-Damase de L'Abadie, né le 11 décembre 1768, mort avant 1789;

8° Jean-Eusèbe de L'Abadie, né le 15 décembre 1769, mort en bas âge;

9° Roch de L'Abadie, né le 16 août 1771, mort jeune;

10° Raymond de L'Abadie, né le 21 août 1772, mort jeune;

11° Jean-Charles de L'Abadie, né le 5 mai 1775, obtint, le 26 août 1784, un certificat de d'Hozier, constatant qu'il avait la noblesse requise pour être admis parmi les jeunes gentilshommes que le Roi faisait élever dans les écoles militaires; il fut reçu, en conséquence, à l'école militaire d'Auxerre, et s'y trouvait le 23 juillet 1790; émigra peu après cette époque; fit la campagne de 1791 dans la compagnie de Noailles; passa ensuite dans le régiment Royal-Émigrant, commandé par le duc de La Châtre; perdit le bras droit à la sortie de Manheim, et fut fait chevalier de Saint-Louis vers le même temps. Il est mort à Bordeaux en 1830.

12° Louis-Marie-Augustin de L'Abadie, né le 7 septembre 1776, mort jeune;

13° Vincent-Léon de L'Abadie, né le 21 janvier 1778, obtint, le 3 mars 1787, un certificat de M. Berthier, généalogiste par intérim des Ordres du Roi, attestant qu'il avait la noblesse requise pour être reçu dans les troupes (signé BERTHIER). Il entra, en conséquence, comme élève aux Orphelins militaires de Paris, et est mort à la Martinique vers 1803, laissant d'un mariage contracté dans cette contrée un enfant dont on ignore le sort.

14° Marguerite de L'Abadie, appelée Mademoiselle d'Aydrein, née le 8 septembre 1761, élève du Sacré-Cœur, à Paris, mariée à M. Jean-Marie de Frugue-Cézeron;

15° Marthe de L'Abadie, née le 13 juillet 1765, morte en 1768;

16° Marie-Françoise de L'Abadie, née le 4 avril 1774, morte en bas âge.

XI. Noble Jean-Bernard DE L'ABADIE DE GAUZIES, écuyer, seigneur d'Aydrein en la paroisse de Vielle, né le 5 août 1760, reçu garde du corps du Roi le 5 janvier 1778, obtint, le 5 mars 1788, un certificat de lieutenant aide-major de la compagnie de Noailles, attestant qu'il servait dans ladite compagnie avec zèle et distinction (signé COLLINOT). Il épousa, par contrat passé le 24 janvier 1788 devant La Peyre, notaire royal, demoiselle Marie L'ABADIE DU MOTHA, fille de Jean-Baptiste L'Abadie du Motha et de demoiselle Thérèze du Puy de Touja; transigea, le 27 février 1808, devant Garbade, notaire, avec Pierre Gorgonius de L'Abadie, son frère, sur le partage de la succession de Jean-Pierre de L'Abadie, leur père commun, en présence de la dame de Béruche, leur mère; et ne vivait plus le 4 janvier 1845, époque à laquelle sa veuve, agissant comme mère tutrice de Jean-Charles-Eugène de L'Abadie, fils mineur issu de leur mariage, et assistée de M. Pierre de L'Abadie d'Aydrein, domicilié de Saint-Justin, subrogé tuteur dudit mineur, transigea, par acte devant du Pouy, notaire, avec M. Pierre-Henry-Théodore de L'Abadie d'Aydrein, domicilié de Vielle, son fils aîné, et M. Jean-Bernard II de L'Abadie d'Aydrein, son beau-frère.

Dudit mariage de Jean-Bernard de L'Abadie de Gauzies sont provenus :

1º Pierre-Henry-Théodore, dont l'article suit;

2º Noble Jean-Charles-Eugène de L'Abadie de Gauzies d'Aydrein, marié, par contrat passé le 31 janvier 1842 devant Du Casse, notaire, avec demoiselle Anne-Marie-Rose DE LA FITTE, fille légitime de M. François-Thomas de La Fitte, ancien capitaine du Génie, officier de la Légion-d'Honneur, et de dame Anne-Marie-Hélène-Henriette Fossé. Il fut assisté dans cet acte de M. Pierre-Henry-Théodore de L'Abadie, son frère aîné, demeurant à Vielle, et de M. Jean-Bernard-Achille de L'Abadie, son cousin, demeurant à Saint-Justin.

XII. Noble Pierre-Henry-Théodore DE L'ABADIE DE GAUZIES D'AYDREIN, chef des nom et armes de sa maison, ancien mousquetaire de la 2ᵉ compagnie de la Garde du Roi, avec brevet de lieutenant de cavalerie en 1815 (*signé* Duc DE FELTRE), n'est pas marié.

BRANCHE CADETTE, *dite* DE SAINT-JUSTIN.

X. Noble Jean-Baptiste DE L'ABADIE, écuyer, chevalier d'Aydrein, second fils de noble Jean de L'Abadie, IIIᵉ du nom, écuyer, seigneur d'Aydrein, et de Marie-Anne Dosque de Blanquefort, naquit à Vielle. Il fut marié, par contrat passé le 51 mars 1769, avec demoiselle Marie PUISTIENNE, servit dans les gardes du corps du Roi, compagnie de Noailles, et eut de sondit mariage :

1º Pierre, dont l'article suit;

2º N... de L'Abadie, demoiselle, née en 1775, morte en bas âge.

XI. Noble Pierre DE L'ABADIE D'AYDREIN, écuyer, naquit à Saint-Justin le 25 juin 1771, et eut pour parrain noble Jean de L'Abadie, écuyer, seigneur d'Aydrein, son grand-père. Il épousa, le 22 prairial an VI (10 juin 1798), sous l'assistance, entre autres, de Jean-Bernard de L'Abadie d'Aydrein, son cousin, demoiselle Catherine PUJOS, fille légitime de François Pujos et de Françoise La Fargue, habitants de Mont-de-Marsan. Pierre de L'Abadie était extrêmement jeune lorsqu'il perdit son père; on demanda pour lui une sous-lieutenance d'infanterie, que les événements de la Révolution ne lui permirent pas de recevoir. Soldat sous la République, il devint lieutenant de grenadiers à l'armée des Pyrénées. Il nomme dans son testament les trois enfants provenus de sondit mariage, savoir :

1º Jean-Bernard-Achille-Charles, dont l'article suit ;
2º Noble Louis de L'Abadie d'Aydrein, né le 4 mars 1809, général de brigade, commandant actuellement la subdivision du Rhône et la place de Lyon, officier de la Légion-d'Honneur, marié au mois de février 1851, avec mademoiselle Marie DE CORAL, dont :

   A. Noble Charles-Bernard-Louis de L'Abadie d'Aydrein, né au mois de mars 1852 ;
   B. Demoiselle Marie-Louise de L'Abadie d'Aydrein, née au mois de juin 1853.

3º Marie-Zéolide de L'Abadie, mariée en 1821 à Jean-Marie-Léon Dufour, membre correspondant de l'Institut de France ;
4º Fanny de L'Abadie d'Aydrein, morte en bas âge.

XII. Noble Jean-Bernard-Achille-Charles DE L'ABADIE D'AYDREIN, ancien magistrat, né le 15 février 1801, a épousé, le 19 janvier 1850, Marie-Françoise-Virginie DE BASQUIAT DE MUGRIET, sa cousine, fille de M. Alexis de Basquiat de Mugriet, ancien lieutenant général au présidial de Saint-Sever, membre de l'assemblée constituante, et de madame Augustine Pujos.

D'ALBESSARD,

NOBLES, MESSIRES, ÉCUYERS, CHEVALIERS, SEIGNEURS, BARONS DE GALAPIAN et DE PUYMICLAN; — COMTES D'ALBESSARD et DE HAUTES-VIGNES, etc.; — *en Bordelois et Agenois.*

ARMES : *De gueules, à la croix ancrée d'or.* Couronne dè comte.

Famille ancienne qui, pendant trois siècles, a occupé les premières charges dans le Parlement de Bordeaux.

N... d'ALBESSARD, conseiller au Parlement de Guienne, fut, avec MM. de La Chassaigne, président, et de Gourgues, conseiller en la même Cour, député par le Parlement pour complimenter Michel Montaigne lorsque ce dernier fut nommé maire de Bordeaux.

La maison d'Albessard, l'une de celles qui ont été frappées le plus rudement par la Révolution, ne peut, par suite de la perte de ses titres à cette funeste époque, établir sa filiation qu'au moyen de quelques documents conservés dans les Archives de Bordeaux. En voici la substance :

I. N... d'ALBESSARD, dont nous ignorons les prénoms et les qualités, eut pour fils :

1º Messire Jean-Baptiste d'Albessard, avocat général au Parlement de Bordeaux, puis président à mortier de la même Cour, eut pour successeur, dans cette dernière charge, André-Jacques-Hyacinthe Le Berthon, pourvu le 29 août 1748. Il avait épousé dame Jeanne-Marie-Thérèze DE LESPÈS.

2º François-Jacques, dont l'article suit.

II. Noble, messire François Jacques d'ALBESSARD, professeur royal en la faculté de droit de l'Université de Bordeaux (1716), puis conseiller du Roi en ses conseils, président présidial, lieutenant général au sénéchal de Guienne et siége présidial de Bordeaux, conservateur des priviléges de l'Université de cette ville et juge de la prévôté royale du palais de l'Ombrière, se démit de ces charges en faveur de Joseph-Sébastien de La Rose, qui en fut pourvu le 6 novembre 1748. Il fut nommé conseiller-lay au Parlement de Guienne et président en la seconde chambre des Enquêtes de cette Cour, par lettres de provisions de l'année 1751 et du 29 août 1748 (réception du 15 novembre suivant), au lieu d'André-Jacques-Hyacinthe Le Berthon. Jacques-

François d'Albessard eut de son mariage avec dame Marie-Élisabeth DE PRUNES DU VIVIER, sœur d'Alexis et de Mathieu de Prunes du Vivier, conseillers au Parlement de Bordeaux, et fille de Mathieu de Prunes, banquier dans l'île de la Martinique :

1° Jean-Baptiste, dont l'article suit;

2° N... d'Albessard, président au Parlement, père de :

> Demoiselle N... d'Albessard, mariée à N... de Batz, baron de Diusse, officier au régiment d'Armagnac.

3° Jeanne-Marie-Thérèze d'Albessard, née à Bordeaux le 23 janvier 1720;

4° Marguerite d'Albessard, née à Bordeaux le 23 juillet 1721;

5° Élisabeth-Victoire d'Albessard, née à Bordeaux le 27 février 1723, tenue sur les fonts par Gaspard-Charles de Goussé, chevalier de La Roche-Alard, capitaine des vaisseaux du Roi et gouverneur lieutenant général pour Sa Majesté à Saint-Domingue;

6° Angélique-Félicité d'Albessard, née à Bordeaux le 26 février 1726;

7° Marie-Rose-Élisabeth d'Albessard, née à Bordeaux le 13 août 1727;

8° Marie-Thérèze-Félicité d'Albessard, née à Bordeaux le 9 septembre 1729.

III. Messire Jean-Baptiste D'ALBESSARD, chevalier, seigneur, baron de Puymiclan, comte de Hautes-Vignes, en Agenois, conseiller du Roi, avocat général au Parlement de Bordeaux jusqu'au 18 janvier 1754, que Claude Miotte de Ravanne fut pourvu de cette charge, naquit à Bordeaux le 1er février 1716; assista, en 1789, à l'Assemblée générale de la Noblesse d'Agenois, et périt à Bordeaux sur l'échafaud révolutionnaire. Il a laissé de son mariage avec dame Louise-Claire HAMOCHE-PAVIGNÉ :

1° Jacques, dont l'article suit;

2° Nicolas-Philippe d'Albessard, qui servit sous la République, fit la campagne d'Égypte, et est décédé sans alliance;

3° Colombe d'Albessard, alliée à M. de Mornard, consul de France à Malaga, dame de la maison de madame Victoire de France.

IV. Jacques, comte D'ALBESSARD, né à Paris le 14 octobre 1768, fut admis, en 1787, comme cadet-gentilhomme au régiment de la Guadeloupe; au moment où éclata la Révolution, il était lieutenant dans le même corps. Arrêté, ainsi que presque tous les autres officiers par les soldats révoltés de son régiment, il fut embarqué et conduit dans les prisons de Nantes, d'où il eut le bonheur de s'évader. Arrivé à Bordeaux, M. d'Albessard apprend que son père est détenu dans la prison de ville. N'écoutant que sa piété filiale, il demanda alors au Comité de Salut Public qu'il lui fût permis de remplacer dans la captivité son père, vieillard de 82 ans, qui ne pouvait inspirer aucune crainte au gouvernement. Mais ces hommes, étrangers à tout sentiment généreux, ne comprirent pas ce trait sublime de dévouement, et n'y répondirent que par ces mots atroces : — « Ce n'est pas trop d'en avoir deux sous la main. » — Son incarcération immédiate fut ordonnée.

Peu de jours après, les terroristes faisaient mettre à mort le vieillard jugé pour la forme. Mais le règne de Robespierre touchait à sa fin : son supplice vint rendre à la liberté un grand nombre de personnes que la tyrannie destinait à l'échafaud. Jacques d'Albessard sortit de prison dépouillé de tous les biens que sa famille avait possédés. Il épousa, en 1776, Angélique-Josèphe DE BRIVAZAC, née à Bordeaux le 27 avril 1771, fille de messire Jean-Baptiste-Guillaume-Léonard de Brivazac, conseiller-lay au Parlement de Bordeaux, et de dame Marguerite de La Porte de Puyferrat. Le 4 novembre 1824, le roi Charles X, connaissant le dévouement et les malheurs de M. le comte d'Albessard, accorda à la comtesse d'Albessard une pension de 500 fr. *(brevet orig. en parch.)*. Dudit mariage sont provenus :

1º Guy-Émile, dont l'article suit;
2º Jean-Baptiste-Jules d'Albessard, qui se noya dans la Garonne en 1830;
3º Angélina d'Albessard;
4º Marie-Léontine d'Albessard.

V. Guy-Émile, comte D'ALBESSARD, a épousé mademoiselle Marie-Florence DE MONTALEMBERT DE CERS, fille de M. Charles-Victor, marquis de Montalembert de Cers, et de madame Florence-Honorine Bidé de Maurville.

D'AUZAC DE LA MARTINIE,

Nobles hommes, MESSIRES, NOBLES, ÉCUYERS, SEIGNEURS DE LA MARTINIE, VIMONT, CAMPA-
GNAC, SÉRUZEL, LA SALÈVE, CRAMBOLS, CARBONNIEUX, BALOUS, etc.; — *en Agenois,*
Bordelois, Condomois, etc.

ARMES : — D'AUZAC DE LA MARTINIE : *Parti, au 1, d'azur, à la tour ouverte, ajourée et crénelée*
d'argent, maçonnée de sable, surmontée d'une étoile d'or; au 2, de gueules, à la fasce en divise
d'or, accompagnée en chef et en pointe d'un croissant aussi d'or, surmontés chacun d'une étoile
du même. Couronne de comte. — D'AUZAC DE CAMPAGNAC : *Parti, au 1, d'azur, à la tour*
d'argent, entourée d'un cep de vigne de sinople et surmontée d'une étoile d'or; au 2, de gueules,
à la fasce d'or, accompagnée de deux croissants du même, posés l'un en chef et l'autre en pointe
de l'écu, et surmontés chacun d'une étoile d'argent. Aliàs : *Coupé, au 1, de gueules, à la fasce*
en divise d'argent, accompagnée en pointe de deux croissants rangés du même, et en chef de
deux étoiles rangées d'or; au 2, d'azur, à la tour d'argent, entourée d'un cep de vigne de sinople.
Couronne de comte; supports : deux lions.

Cette famille, noble d'extraction, l'une des plus anciennes et des mieux alliées de
la province de Guienne, paraît avoir pris son nom du bourg d'Auzac, situé aux
environs de Gourdon, en Quercy, actuellement compris dans le canton de Saint-Projet.

La branche aînée, surnommée *de La Martinie,* a constamment fait profession des
armes. La généalogie que nous en donnons ci-après a été dressée exclusivement sur
titres originaux et copies en forme, aussi bien que d'après les preuves que cette
famille a établies devant le Juge d'armes de France, le 14 décembre 1754.

La branche cadette, surnommée *de Campagnac,* ne nous ayant pas fait parvenir
ses titres, malgré nos demandes réitérées, il nous a été impossible de continuer sa
filiation jusqu'à nos jours.

I. Michaud D'AUZAC, écuyer, demeurant à Beauville, en Agenois, fit son testament
le 21 mai 1555. Il laissait de son mariage avec feue demoiselle Jeanne DE LA CROMPE :

1º Izaac, dont l'article suit;
2º Demoiselle Jeanne d'Auzac, dame de Séruzel, à qui son père légua, par son testament,
   une somme de 2,000 livres. Elle ne vivait plus en 1641.
3º Marie d'Auzac, alliée : 1º avec sire Pierre Bries; 2º par contrat passé le 27 octobre
   1619, avec noble André de Saint-Orens, écuyer.

II. Izaac D'AUZAC, écuyer, sieur de Vimont, fut institué héritier universel par le testament de son père. Il ne vivait plus en 1641, et avait épousé, selon contrat passé le 24 novembre 1615, Esther DE LA ROQUE, veuve d'Izaac Roques, receveur de la dame de Beauville. De ce mariage :

1° Jean, dont l'article suit;

2° Guillaume d'Auzac, sieur de Campagnac, habitant à Beauville, transigea en 1641 avec son frère Jean d'Auzac, sieur de La Martinie, pour les droits qu'il avait à prétendre sur la succession de leur père et sur celle de Jeanne d'Auzac, leur tante. Par lettres patentes en date du 18 janvier 1643, Guillaume d'Auzac fut pourvu de la charge de conseiller du Roi garde des sceaux au siége présidial et sénéchaussée d'Agen, en remplacement de Jean de Sarrau. Il obtint des lettres d'honneur de cet office le 12 juin 1686, et avait laissé veuve dès 1696 demoiselle Jeanne D'AUDEBART DE SAVEUSE, sa femme, qu'il avait épousée vers l'année 1641. De ce mariage est provenue la branche D'AUZAC DE CAMPAGNAC, qui faisait partie de la noblesse d'Agen en 1750, comme on le voit par les rôles de capitations nobles de cette époque. Guillaume d'Auzac eut pour fils :

Joseph d'Auzac, baptisé le 2 février 1651, filleul de Jean d'Auzac, son oncle.

Messire Pierre-Vincent d'Auzac, écuyer, seigneur de La Salève, a été représenté, le 12 mars 1789, en qualité de gentilhomme, à l'Assemblée de la Noblesse d'Agen, par :

Messire Pierre-Blaise-Bernard d'Auzac, écuyer, chevalier de l'Ordre royal et militaire de Saint-Louis, en son nom et celui de Jean-Baptiste, marquis de Timbrune.

Demoiselles Marie et Françoise d'Auzac, dames de Crambols, ont été représentées à la même Assemblée par messire Jean−André−Michel-Marie de Lamourous, seigneur de Pleineselve.

Jean-Urbain d'Auzac de Campagnac, écuyer, obtint, le 14 décembre 1734, ainsi que ses frères Pierre-Vincent et Pierre-Blaise-Bernard d'Auzac de Campagnac, dont nous venons de parler, de Louis-Pierre d'Hozier, juge d'armes de France, un certificat attestant que, sous le bon plaisir de Sa Majesté, ils étaient en droit de jouir de tous les priviléges et exemptions dont jouissaient les autres gentilshommes du Royaume.

III. Noble homme Jean D'AUZAC, Ier du nom, écuyer, sieur de La Martinie, y demeurant, au territoire de Beauville, épousa, par contrat passé le 9 novembre 1642, damoiselle Foy DE CARBONNIER, dame de Carbonnieux, fille de feu noble homme Pons de Carbonnier, écuyer, seigneur de Lisse, et de Marthe de Gironde ; à ce contrat assistèrent : messire Asdrubal de Ferron, seigneur de Carbonnieux, baron d'Ambrus, de Sainte-Gemme et d'Avensan; messire François de Gironde, seigneur de Teyssonnat, et messire Jean de Carbonnier, sieur de Malacoste, oncles de la future. Jean d'Auzac et sa femme passèrent un contrat de ferme, le 17 mai 1646, devant Boissonnade, notaire à Beauville, en Agenois, de leurs biens situés dans la juridiction de Castillonnez, en faveur du sieur Salban. Il fit son testament le 2 juin 1664. Sa femme vivait encore au mois de décembre 1674, et l'avait rendu père de :

1° François, dont l'article suit;

2° Joseph d'Auzac de La Martinie, mentionné dans le contrat de mariage de son frère, prêtre, curé de Clermont-Dessus, chanoine du chapitre de Saint-Pierre de Moissac. Une ordonnance des commissaires délégués par le Roi pour la réception des armoiries et leur inscription dans l'Armorial Général de France, en date du 13 août 1700, lui a attribué faussement pour armes : *d'or, au soleil de gueules, à la bordure componée de sable et d'argent (Armorial Général de France*, côté GUIENNE, *registre du Clergé)*. Une seconde ordonnance, du 17 juin 1701, lui attribue avec aussi peu de raison : *d'or, à la bande de sable, chargée de 3 roses d'argent. (Ibid.)*

3º Marie-Anne d'Auzac de La Martinie, mentionnée dans le contrat de mariage de son frère aîné.

IV. Noble homme François D'AUZAC, Iᵉʳ du nom, écuyer, sieur de La Martinie, demeurant à Caussac, épousa : 1º suivant contrat du 20 décembre 1674, demoiselle Jacqueline DU CROS DE LA CASSAIGNE, morte avant 1710, fille de messire Jean du Cros, avocat en Parlement, sieur de La Cassaigne, et de demoiselle Anne de Pélissier *(acte passé devant* TOURTONDE, *notaire royal à Agen)*; 2º demoiselle Angélique DE FERRAGUT. Du premier lit :

1º Jean, dont l'article suit;
2º Noble, messire Joseph d'Auzac de La Martinie, prêtre, docteur en théologie, prieur de Saint-Hilaire de Durfort, en Quercy, tonsuré en l'église paroissiale de Monbrand, le 7 août 1701, suivant lettres de tonsure à lui délivrées et contresignées, le 22 mars 1715, par François, évêque et comte d'Agen. Par une convention sous seings-privés, du 6 juin 1721, Joseph d'Auzac, agissant en qualité de tuteur de ses neveux, fils de Jean, son frère, transigea avec son père, noble François d'Auzac, et assura à celui-ci une pension annuelle de 500 livres, pour tous les droits qu'il avait à prétendre sur la succession du même Jean d'Auzac, fils aîné. Le 9 juin (même mois), et en la même qualité, Joseph d'Auzac passa un contrat de ferme, devant Vitrac, notaire à Beauville, des biens délaissés par sondit frère, et, par un acte du 23 juin 1742, subrogea à ses droit, lieu, place, action et hypothèques, messire François d'Auzac de La Martinie, son neveu.
3º Louis d'Auzac de La Martinie, mort à un âge peu avancé, est mentionné dans une transaction sous seings-privés passée entre François d'Auzac de La Martinie et le sieur de Barastin, son cousin germain;
4º Marie-Anne d'Auzac de La Martinie fit donation de tous ses biens à noble François d'Auzac, écuyer, sieur de La Martinie, son neveu, par acte passé devant Audubert, notaire royal de la ville d'Agen, le 9 juin 1768;
5º Antoinette d'Auzac de La Martinie, non mariée.

Du second lit :

6º Foy d'Auzac de La Martinie, damoiselle, mariée à noble messire N... de Barastin, écuyer.

V. Noble Jean D'AUZAC, IIᵉ du nom, écuyer, sieur de La Martinie, épousa, suivant contrat passé le 28 février 1710, Marie DE SIMONY DE BROUTHIÈRE, fille de noble homme Joseph de Simony, écuyer, seigneur de Brouthière, et de dame Rachel de

Geneste *(acte passé devant* Frénon, *notaire royal dans la ville de la Parade, en Agenois).*

Jean d'Auzac avait été émancipé par acte judiciaire, en date du 27 mars 1705, et nommé par noble François d'Auzac de La Martinie, son père, pour recueillir la donation de la moitié des biens de ses père et mère, comme il avait été convenu dans leur contrat de mariage. Il fut tué dans des circonstances qu'il n'explique que d'une manière très-imparfaite dans son testament, reçu le 17 mars 1717 par Jean Pastech, curé de Saint-Sixte, au diocèse d'Agen. Après avoir reçu des blessures qui occasionnèrent sa mort, il fut transporté dans la maison du nommé Gayraud, jurat de Combebonnet, au lieu de Naudon, paroisse d'Engayrac, et, en l'absence du notaire et du curé de la paroisse, il dicta ses dernières volontés au curé de Saint-Sixte. Il déclare formellement qu'on ne doit pas accuser de sa mort noble Bonaventure de Bourran, qui se trouvait avec lui au moment de l'affaire malheureuse qui lui est arrivée *en badinant,* comme il le dit; il déclare, en outre, laisser quatre enfants, dont il va être parlé, et sa femme enceinte; institue pour son héritier général Joseph-François d'Auzac de La Martinie, son fils aîné, auquel il subtitue, en cas de décès, le posthume, supposé que ce soit un enfant mâle. Joseph-François d'Auzac recueillit en effet le bénéfice de cette disposition du testament de son père; mais étant mort sans postérité et sans faire son testament, sa succession, après des contestations fort longues entre ses sœurs et son frère plus jeune, fut divisée par portions égales. Ce dernier, par suite de l'irrégularité du testament de Jean d'Auzac, son père, fut privé du bénéfice de la substitution contenue dans ledit testament. Le château et les terres de La Martinie se trouvant partagées en quatre parts, passèrent en des mains étrangères, et François d'Auzac de La Martinie, appelé à continuer la descendance directe, vint se fixer dans la maison noble de Balous, paroisse de Saint-Germain de Caumont, en Condomois, dans les environs de Marmande, terre qui lui avait été apportée en dot par sa femme.

Marie de Simony de Brouthière, étant devenue veuve de Jean d'Auzac, épousa en secondes noces, par contrat passé devant Vistorte, notaire royal à La Parade, en Agenois, messire Jean-Alexandre de Gripière, chevalier, seigneur de Moncroc, fils de messire Alexandre de Gripière, chevalier, seigneur de Moncroc, de Laval et autres lieux, lieutenant de nosseigneurs les maréchaux de France, et de dame Thérèze-Charlotte du Bois de Frésières. De son mariage avec Jean d'Auzac étaient provenus :

1º Noble Joseph-François d'Auzac, écuyer, seigneur de La Martinie, né le 4 septembre 1712, mort en bas âge, ainsi qu'il est dit plus haut;

2º François, qui a continué la descendance;

3º Françoise d'Auzac de La Martinie, mariée à noble Jean de Giniez de La Poujade, seigneur du Sap;

4º Antoinette d'Auzac de La Martinie, non mariée;

5º Marie-Anne d'Auzac de La Martinie, alliée à noble Jean de La Coste, sieur de Maisonnié.

VI. Noble François d'Auzac, II° du nom, écuyer, seigneur de La Martinie, né posthume le 7 avril 1717 (moins d'un mois après la mort de son père), épousa, par contrat passé le 5 décembre 1758, damoiselle Magdeleine-Victoire de Boileau de Saint-Pau, fille de noble Claude-Jean-Chrysostôme de Boileau de Saint-Pau, écuyer, chevalier de l'Ordre royal et militaire de Saint-Louis, commandant les exercices d'artillerie à l'École royale et militaire, et de défunte dame Jeanne d'Espine. Il adressa sa demande en maintenue de noblesse à nosseigneurs de la Cour des Aydes et Finances de Guienne, le 22 août 1777, après que, le 11 juin précédent, fut intervenu un arrêt de cette Cour, ordonnant qu'il articulerait ses faits de généalogie et noblesse. Les pièces et titres concernant la noblesse de sa famille ayant été prêtés à la branche de Campagnac, puînée de celle de La Martinie, sa réponse et le jugement de la Cour des Aydes doivent faire partie de cette collection. François d'Auzac eut de sondit mariage :

1° Claude-Chrysostôme, dont l'article suit;
2° Magdeleine d'Auzac de La Martinie, mariée, le 12 prairial an IV (31 mai 1796), à messire Joseph de Sauvin, sieur de Bonnecaze, fils de Marc de Sauvin, sieur de Bonnecaze, et de Françoise Claverie, par contrat passé devant Salinaires, notaire public à Bruch;
3° Marie d'Auzac de La Martinie, mariée à Jean-Baptiste Dario, docteur en médecine, fils de N... Dario et de demoiselle Jeanne de Meillan;
4° Suzanne d'Auzac de La Martinie, mariée à N.....

VII. Noble Claude-Chrysostôme d'Auzac de La Martinie, écuyer, seigneur de La Martinie, né le 1er décembre 1759, épousa, par contrat passé le 5 septembre 1786, Marie Laban, fille de messire Jacques Laban, écuyer, et de dame Marthe d'Estrac. De ce mariage :

1° Louis, dont l'article suit;
2° Magdeleine-Coraly d'Auzac de La Martinie, née le 28 mars 1790, mariée, le 19 mai 1805, à noble, messire Jean-Marie-Joseph de Sauvin, sieur de Bonnecaze, fils de Joseph de Sauvin, sieur de Bonnecaze, et de dame Charlotte de Gripière de Moncroc;
3° Marie-Laure d'Auzac de La Martinie, mariée, le 29 janvier 1818, à messire Alexis de Barbot, fils de feu Étienne-Michel de Barbot et de feue Marie-Thérèze Martel.

VIII. Noble Louis d'Auzac de La Martinie, écuyer, chef des nom et armes de sa famille, a épousé, le 29 novembre 1819, demoiselle Rose de Villeneuve, fille de M. Jean-Baptiste-Arnaud de Villeneuve, et de dame Félicité Martin de Bonnefont, et nièce de M. Martin de Bonnefont, en son vivant archiprêtre, curé de Marmande, dont le comte de Marcellus a écrit la vie. De cette union :

1° Noble Jean-Marie-Joseph-Henry d'Auzac de La Martinie, écuyer, né le 8 novembre 1820, membre du Conseil Général du département de la Gironde, marié, le 24 avril 1854, à mademoiselle Rose-Élisabeth-Marguerite Dislé de La Lande, fille de M. Henry

Disle de La Lande et de dame Victoire-Henriette de Puch de Montbreton. De ce mariage :

Noble Jean-Marie-Louis-Georges d'Auzac de La Martinie, écuyer, né le 2 février 1855.

2° Noble Jean-Alexis-Lodoïx d'Auzac de La Martinie, écuyer, né le 28 juillet 1827 ;

3° Noble Alexis-Ludovic d'Auzac de La Martinie, écuyer, né en 1833, marié, le 3 juin 1857, à mademoiselle Marie-Augustine-Henriette-Sophie DE BOSCAS, fille de M. Armand de Boscas et de N... du Val de Saint-Méard ;

4° Noble Alexis-Gabriel d'Auzac de La Martinie, écuyer, né le 21 avril 1839 ;

5° Marie-Caroline d'Auzac de La Martinie, née le 17 janvier 1823, mariée, le 6 juillet 1850, à noble Marie-Édouard de Lary de La Tour, chevalier, fils de Bernard-Marie-Joseph, comte de Lary de La Tour, ancien lieutenant au régiment de Lyonnois, et de dame Marie-Françoise-Henriette de Batz de Mirepoix.

CARTIER DE COURONNEAU,

Nobles, messires, écuyers, sieurs de SAINT-PHILIP ; — seigneurs de CAZENAC, SAINT-ANDRÉ, LE GRAND-RENOM, etc. ; — *en Blésois, Navarre, Hollande, Bordelois, Bazadois, etc.*

Armes : *D'azur, à 5 pommes de pin d'or, posées 2 et 1.* Casque de profil, orné de ses lambrequins d'or et d'azur.

Les différents pays que la famille Cartier a habités, ses voyages, sa vie nomade pendant près de deux siècles, les persécutions presque constantes dont elle a été l'objet, depuis que Calvin prêcha la Réforme jusqu'à la Révocation de l'Édit de Nantes, sont autant de causes qui ne lui permettent plus aujourd'hui le rapport de ses titres primitifs. Son nom s'est écrit indifféremment Cartier, Quartier et Chartier. La première orthographe étant définitivement fixée dans cette maison depuis plus de deux cents ans, nous l'avons adoptée exclusivement dans ce travail.

I. Jacques Cartier, l'un des plus savants et des plus expérimentés navigateurs de son temps, issu d'une famille noble des environs de Blois, naquit à Saint–Malo, en Bretagne, le 51 décembre 1494. Il quitta de bonne heure sa patrie pour courir les mers. En 1554, il s'embarquait pour explorer le Canada, dont le baron de Léry avait découvert une faible portion dès l'année 1518. Visitant avec soin cette nouvelle contrée, il fit une description exacte des îles, ports, côtes, détroits, golfes, rivières et caps qu'il avait reconnus et nommés lui-mêmes. Après avoir découvert le fleuve Saint-Laurent, il le remonta jusqu'à l'île de Montréal, et là, ayant fait élever une grande croix surmontée des armes de France, il prit possession de tout le pays au nom du roi François Ier. (Moréri ; *les Navigateurs illustres,* par Léon Guérin, 1846 ; La Croix du Maine, *Relations du Canada.*)

Jacques Cartier épousa, en 1519, demoiselle Catherine des Granges, fille de Jacques des Granges, connétable de la ville et cité de Saint-Malo.

C'est à cet homme illustre que les monuments et mémoires de la famille Cartier font remonter l'origine de celle-ci, origine consignée sur un aperçu généalogique de cette maison, rédigé longtemps avant 1789. Les titres peu nombreux qu'elle a conservés établissent d'une manière authentique la filiation qui va suivre :

1° Guillaume, qui suit ;

2° N... Cartier passa à Genève en 1540, y exerça la profession de médecin, s'y maria, et eut un fils qui s'établit à Neufchâtel. De ce fils vint :

N... Cartier, qui fut ministre de mylord Dodrick, à La Haye, en Hollande.

3º N... Cartier, ministre, se fixa à Genève en même temps que son frère. Son petit-fils fut ministre de mylord Wilhamson, ambassadeur du roi d'Angleterre à la paix de Riswick, et suivit ce seigneur en Angleterre, où il devint son chapelain.

II. Guillaume Cartier, fils de Jacques Cartier, dont nous venons de parler *(Mémoires cités)*, était issu d'une famille noble et opulente de Blois. Il renonça aux avantages que sa naissance lui offrait, et passa à Genève, avec deux de ses frères, en 1540, pour y étudier, sous Calvin, la religion naissante. Calvin ne tarda pas à reconnaître le génie de Guillaume Cartier. Pour le soustraire à la persécution de Henry II, roi de France, il proposa à l'amiral de Coligny d'envoyer le jeune adepte avec Pierre Richer, célèbre ministre de Genève, prêcher l'Évangile aux peuples du Brésil. Partis de Honfleur au mois de novembre 1556, les deux missionnaires débarquèrent à l'île de Coligny au mois de mars 1557; mais bientôt, mécontentés par le chevalier de Villegagnon, commandant pour le Roi dans cette colonie, ainsi que l'explique nettement l'historien Jean de Léry dans son *Voyage du Brésil,* ils se retirèrent en France. (De Mainbourg, *Histoire du Calvinisme,* 2ᵉ édit., t. Iᵉʳ, p. 154, Paris, 1682.)

Le nom de Guillaume Cartier *(Guillelmus Quarterius)* est inscrit dans le *Livre des Martyrs* et dans l'*Histoire ecclésiastique des Églises réformées de France,* imprimée en 1580 à Anvers.

De retour dans sa patrie, Guillaume Cartier s'y maria avec une demoiselle de la maison de Bassompierre, probablement tante de François de Bassompierre, chevalier des Ordres du Roi, colonel général des Suisses et maréchal de France. Les persécutions l'ayant forcé d'abandonner ses biens, il se réfugia avec sa femme à Genève.

Jeanne d'Albret, reine de Navarre, à la Cour de laquelle la réputation de Guillaume Cartier était parvenue, l'attira auprès d'elle, le nomma son aumônier et donna à sa femme et à son fils la résidence de Blois. Guillaume Cartier assista cette princesse de ses conseils, la suivit dans ses différents voyages, et se trouva avec elle à Montpellier lorsque la paix s'y fit sous le règne de Charles IX. Sa femme était morte vers cette époque, d'une maladie occasionnée par les longs ennuis de sa condition. Eliézer, son fils, étant allé retrouver son père, Guillaume Cartier le laissa auprès de Jeanne d'Albret, et obtint de cette princesse un congé pour aller à Blois rentrer en possession de ses biens, dont il avait été dépouillé durant les troubles; mais il ne put parvenir à récupérer sa fortune, et mourut bientôt après, généralement regretté de la reine de Navarre et de tous ceux qui le connaissaient.

III. Eliézer Cartier, fils du précédent, naquit le 25 juin 1559, et fut baptisé à Genève *(acte en latin, copie)*. Laissé par son père auprès de la reine de Navarre, à Montpellier, il suivit cette princesse en Béarn, et s'attacha depuis à sa fille, Catherine de Bourbon, princesse de Navarre et duchesse de Lorraine.

Eliézer Cartier épousa, en Béarn, la veuve du fils du premier président de Pau, nommée N... DE SALLETTE, dont le défunt mari avait succédé à Guillaume Cartier en qualité de ministre chez la reine de Navarre. De ce mariage provinrent :

1° Daniel, dont l'article suit;

2° N... Cartier, épouse de N... Meunier de Moulidars, conseiller en la Chambre des Enquêtes du Parlement de Paris, habitant du château de Moulidars, près Châteauneuf, en Angoumois;

3° N... Cartier, qui fut aussi mariée à un conseiller de la même Cour.

IV. Daniel CARTIER, né le 17 février 1600, baptisé à Lescar, ministre de la religion réformée, exerça successivement ce ministère à Orthez, à Limeuil, à Bazas, au Fleix, et enfin à Sainte-Foy. Qualifié *Ministre de la parole de Dieu*, il épousa, par contrat passé le dernier janvier 1657, devant Duvergier, notaire royal et garde-note, demoiselle Jeanne GRENIER, dite *la petite Jeanne*, fille de Pierre Grenier, avocat en la Cour de Parlement de Bordeaux, et d'Élisabeth de La Lande, de la ville de Sainte-Foy, en Agenois *(copie en papier)*. Sa femme et lui firent leur testament mutuel devant La Faye, notaire royal, le 11 mai 1676, à Sainte-Foy-sur-Dordogne, diocèse d'Agen, sénéchaussée de Libourne. Dans cet acte, ils nomment leurs enfants dans l'ordre suivant, savoir :

1° Pierre, dont l'article suit;

2° Me Daniel Cartier, sieur de Saint-Philip, ministre du saint Évangile à Rotterdam, mort à Leyde, en Hollande, le 24 mars 1711, à l'âge de 73 ans, est l'auteur d'un ouvrage intitulé : *Prières dévotes*, qui a eu plusieurs éditions, dont l'une a été réimprimée à Amsterdam en 1738, par les soins de son fils, ministre à Rotterdam en 1729, né de son mariage avec demoiselle N... LESPINASSE. Daniel Cartier a formé une branche qui subsistait encore en Hollande en 1781.

3° Paul Cartier, légataire de 3,000 livres par le testament de ses père et mère. Il fit enregistrer les armes de sa famille à l'Armorial Général de France, à Bordeaux, le 3 novembre 1699, dans la forme qu'elles se trouvent décrites ci-dessus.

V. Me Pierre CARTIER, Ier du nom, avocat en Parlement et chambre de l'Édit de Guienne, naquit à Bazas. Il épousa, par contrat passé le 10 mai 1676, devant La Faye, notaire royal, Marguerite VIDAL, demoiselle de la ville de Sainte-Foy; le 27 avril 1679, il acquit de Pierre Rigaud, sieur des Baraton, le domaine de Cazenac, situé dans les environs de Sainte-Foy, et mourut à l'époque de la révocation de l'Édit de Nantes (1685). De son mariage provinrent :

1° Pierre, dont l'article suit;

2° Demoiselle Marie Cartier, qui passa en Hollande avec sa mère, et s'y maria à Abraham Géraud, négociant. Elle mourut à Rotterdam, et laissa trois fils.

VI. Pierre CARTIER, IIe du nom, écuyer, sieur de Cazenac, consul de la ville de Sainte-Foy en 1713, 1721, 1725, garde du corps du Roi dans la compagnie de

Boufflers, mort à Saint-André en 1744, obtint, le 1er janvier 1709, un certificat de
M. le maréchal duc d'Harcourt, capitaine des gardes, constatant qu'il avait servi avec
toute la distinction et la fidélité possibles, et donné, dans toutes les occasions, des
marques de valeur et de bonne conduite. Dès le 25 janvier 1708, il avait épousé, par
contrat passé dans la ville de Sainte-Foy, en Agenois, devant Jauge, notaire royal,
demoiselle Marie LE JUNIE, fille de feu Me Étienne Le Junie, avocat en Parlement, et
de sa veuve demoiselle Marie de La Barre, alors épouse de Me François Bellet. Pierre
Cartier fut assisté dans cet acte de : Pierre Roche, écuyer, sieur du Pontet, son oncle,
et d'Étienne Roche, écuyer, sieur du Pontet, garde du corps du Roi, son cousin; —
la future, de noble Hélie Le Junie, écuyer, sieur de Jarnac, son oncle paternel, et
dame Marguerite de Vincent, sa tante; demoiselle Anne Le Junie, épouse d'Étienne
Goulard, écuyer, sieur du Montel; demoiselle Henrye Le Junie, épouse de Hélie
Fontayne sieur de La Coudret *(copie en parch.)*. De cette union provinrent :

1º Étienne, dont l'article suit;
2º Louis Cartier, écuyer, lieutenant d'infanterie au régiment d'Anjou, né le 27 décembre
1711, mort à Gualtieri, en Italie, le 8 octobre 1735, sans alliance ;
3º Pierre Cartier, écuyer, conseiller du Roi et son procureur en la juridiction de Sainte-
Foy, né le 16 août 1715, mort, le 6 octobre 1779, dans sa charge, qu'il avait exercée
avec distinction pendant quarante-deux ans. Il n'avait pas été marié.
4º Demoiselle Marie Cartier, morte sans alliance le 6 août 1778 ;
5º Demoiselle Sybille Cartier, morte également sans alliance le 1er février 1776.

VII. Étienne Cartier, écuyer, capitaine d'infanterie au régiment Royal-Comtois,
puis dans celui de Bassigny, naquit en la paroisse de Saint-André de Cabeauze, archi-
prêtré de Sainte-Foy, le 25 octobre 1724. Il mourut au service le 11 août 1755,
comme l'énonce un certificat en date du 9 février 1772, signé par le lieutenant
colonel et les officiers-majors dudit régiment, témoignant qu'il a servi comme un
homme d'honneur dans toutes les occasions qui se sont présentées. Il avait été marié,
par contrat passé le 11 décembre 1747, devant Pascaud, notaire royal, à demoiselle
Marie-Magdeleine BAYSSELLANCE, morte en 1816, à l'âge de 96 ans. De cette union :

1º Pierre, dont l'article suit;
2º Izaac Cartier, sieur de Saint-André, mort fort jeune.

VIII. Messire Pierre CARTIER, IIIe du nom, écuyer, sieur de Saint-André et du
Grand-Renom, seigneur de Couronneau, garde du corps de Monsieur, frère du Roi,
né à Saint-André en la paroisse Notre-Dame de la ville de Sainte-Foy, le 20 mars
1750, mort à Couronneau en 1818, servit dans la compagnie des Gardes commandée
par M. de Moreton, comte de Chabrillan, avec toute la distinction et la fidélité possible,
ainsi que l'énonce un certificat de cet officier. Il épousa, par contrat passé le 18
septembre 1775, devant Brun, notaire royal, demoiselle Jeanne-Marie MEYZONNÈS

DE Couronneau, morte en 1840 à l'âge de 90 ans, fille légitime d'Étienne Meyzonnès, sieur de Couronneau, et de feue demoiselle Marie Morin *(copie en parch.)*.

Sur la réquisition que Pierre Cartier fit au Juge d'armes de France de lui confirmer les armoiries que Paul Cartier, frère de son bisaïeul, avait fait enregistrer à l'Armorial Général en conséquence de l'édit du mois de novembre 1696, Antoine-Marie d'Hozier de Sérigny, chevalier, juge d'armes de France, chevalier grand'-croix honoraire de l'Ordre royal des saints Maurice et Lazare de Sardaigne, vu les titres que nous avons cités dans cette généalogie, à partir du testament de Daniel Cartier et de Marguerite Vidal du 11 mai 1676, confirma pour armes audit Pierre Cartier, écuyer, le blason que nous avons décrit ci-dessus *(orig. en parch., à la date du 16 juillet 1781, signé* D'HOZIER DE SÉRIGNY *et scellé, et plus bas :* par Monsieur le Juge d'armes de France, DUPLESSIS). Dudit mariage de Pierre Cartier provint :

IX. Jacques-Étienne CARTIER DE COURONNEAU, né en 1776 à Saint-André, décédé à Couronneau en août 1846, fut marié, par contrat passé le deuxième jour complémentaire an VI de la République française (18 septembre 1797), devant Garreau-Fontneuve, notaire public, à demoiselle Marie-Hélène-Agathe DE ROSSANE DE CAZENAC, née le 15 novembre 1781, morte en 1817 à Couronneau, fille légitime de Jean-Louis, comte de Rossane, et de madame Suzanne de Rigaud de Grandefont *(cop. en pap.)*. A ce contrat ont assisté : Élisabeth d'Estutt de Solminiac, N... Rigaud du Marchès, N... de Roche, N... de Bérail, N... de Fillol, etc. Jacques-Étienne Cartier de Couronneau, décédé au mois d'août 1846, a eu de sondit mariage :

1º Jean-Louis-Dion, dont l'article suit;

2º Suzanne-Herminie Cartier de Couronneau, née le 20 juillet 1800, morte le 17 octobre 1801;

3º Marie-Alexandrine-Zuléma Cartier de Couronneau, née le 1ᵉʳ octobre 1804, morte le 1ᵉʳ juin 1825.

X. Jean-Louis-Dion CARTIER DE COURONNEAU, écuyer, né le 5 septembre 1805, a épousé, le 6 juillet 1855, par contrat passé devant Pierre Rougier, notaire royal à Saussignac et Razac, mademoiselle Françoise-Inès DURÈGE DE BEAULIEU, née le 5 décembre 1811, fille légitime de M. Louis-Isaac Durège de Beaulieu, écuyer, et de madame Marie Pauvert; la future, assistée de mademoiselle Inès Durège, de M. Louis-Mathieu Durège de Beaulieu, ancien officier d'état-major, son oncle; le vicomte de Ségur, B. de Ségur, Ph. de Ségur, etc. *(cop. en pap.)*. De ce mariage sont provenus :

1º Noble Jacques-Charles-Edmond Cartier de Couronneau, né le 3 novembre 1834;

2º Noble Izaac-Jean-Marie-Anatole Cartier de Couronneau, né le 25 février 1837.

D'ANDRAULT,

Nobles, messires, écuyers, seigneurs de SAINT-PIERRE DE BATZ, HAUTEVILLE, MONT-PELLIER, SAINT-GEORGES, LE PETIT-VAL, LE MOULIN DE BATZ, RÉCHÈDE, BORRY, POURUTE, LES CARMOITES, MICARRÈRE, LA PORTE DE CAMPET, NAVAILLES, JEAN D'ARRICAU, LABARDAC, BAROUILLET, LE BAS, LANABRAS, PARENTIS, MAZEROLLES, etc.; — *en Guienne, Saintonge, Bordelois, Bazadois, Cubzaguès, sénéchaussée des Lannes, Marsan, etc.*

Armes : *D'azur, à la cloche d'argent, bataillée de sable, au chef cousu de gueules, chargé d'une étoile d'or à dextre et d'un croissant d'argent à senestre.* Couronne de comte.

Le nom de cette famille est patronymique; il ne le cède donc point en ancienneté même aux plus grandes maisons de la province.

Un seigneur de cette maison fonda la cité de Villandraut dès les temps les plus reculés, et lui imposa son nom, d'après l'auteur des *Variétés Bordelaises.*

Du reste, l'orthographe du nom de cette famille a subi jusqu'à la Révolution de 1789 des modifications nombreuses. Dans les chartes et dans les actes publics, on la trouve sous les variations : ANDRAUT, ANDRAUD, ANDRAULD, ANDREAU, mais plus souvent D'ANDRAULT. Cette dernière étant adoptée exclusivement depuis un laps de temps considérable, nous nous y sommes conformé dans ce travail.

Bernard ANDRAUD était maire de Libourne en 1566 *(Histoire de Libourne, par* Raymond GUINODIE aîné, *t. II, p. 257).*

Marguerite ANDRAUT fut mariée, le 16 janvier 1544, avec Antoine Lescure, procureur général au Parlement de Bordeaux; elle eut en dot 1,000 écus à 45 sols pièce *(acte passé devant* FREDAIGNE, *not.; répert. des familles nobles, arch. de Bord.).*

Jean ANDRAUT, écuyer, passa un acte devant Castaigne, notaire, en 1572 *(ibid., fol. 255, Garde-Note).*

Joseph ANDRAULT, conseiller du Roi au Parlement de Guienne, épousa, par contrat passé le 24 avril 1578, devant d'Orléans, notaire, demoiselle Anne DU BURG *(ibid., liasse).* En 1584, il transigea sur sondit mariage devant Lancolle, notaire *(ibid., fol. 1278).*

Noble Raymond ANDRAULT, écuyer, sieur du Petit-Val, fit un acte aux habitants de Saint-Émilion, le 20 juillet 1654. Il leur exposa que, comme fils de feu noble Jean Andrault, il avait joui des titres et priviléges affectés à la noblesse; que, par conséquent, il était, de droit, exempt des tailles et impositions; que, du reste, ce droit avait été reconnu à sa famille par les jurats de la ville de Saint-Émilion, les 10, 11 et 12 février 1586 et 1er mars 1587, et par les Élus de Guienne, le 12 mars 1587. Il eut pour fils :

Raymond ANDRAULT, sieur de Hauteville, homme d'armes de la compagnie du maréchal d'Ornano, lieutenant général pour le Roi, en Guienne, puis conseiller du Roi, receveur des consignations à Saint-Émilion. Le 20 août 1654, les habitants de Saint-Émilion, réunis en jurade, considérant sa qualité de noble et celle de ses ancêtres, le déchargèrent des cotisations et impositions roturières *(arch. de Bordeaux)*. Raymond Andrault fit enregistrer à l'Armorial Général de France, à Bordeaux, le 6 février 1699, ses armoiries de la manière suivante : *D'azur, à 3 étoiles d'or, posées 2 et 1.* Ces armes rappellent celles de l'illustre famille ANDRAULT DE LANGERON, qui sont : *D'azur, à 3 étoiles d'argent.* Raymond Andrault était jurat de la ville de Libourne sous l'année 1662. Nous ne connaissons point sa postérité, sinon que N... d'Andrault, sieur de Montpellier, habitant à Saint-Émilion, fit partie de la noblesse de Libourne au ban de 1689.

Gervais ANDRAULT, bourgeois de Blaye, fut nommé commissaire ordinaire de la marine du Ponant, par lettres du cardinal Richelieu, données au camp devant La Rochelle, le 51 mars 1628 *(arch. de Bord., regist. 1631-1643, p. 224)*.

Dame Isabeau D'ANDRAULT avait épousé vers l'an 1600 Jean d'Auzaneau, conseiller du Roi en la Cour de Parlement de Bordeaux, puis président aux enquêtes de cette même Cour.

Joseph D'ANDRAULT, écuyer, fit registrer à Bordeaux ses armoiries dans l'Armorial Général de France, le 29 novembre 1697, de la manière que nous les avons décrites en tête de cet article.

Messire André D'ANDRAULT, conseiller au Parlement de Guienne, fit faire le même enregistrement le même jour. On trouve à son égard la mention suivante dans le *Rôle des gentilshommes qui ont proposé leurs excuses, à la relevée du ban et arrière-ban du pont de Saintes*, sous la date du 10 avril 1692 : — « De Messac, pour le seigneur » d'Andrault, conseiller au Parlement de Bordeaux, a dit que, par sa qualité, il est » exempt du ban et arrière-ban pour sa seigneurie de Saint-Georges. — Déchargé. » — On lit dans l'*Instruction pour la Confrairie du Saint-Scapulaire* (édition de 1779), qu'à Bordeaux, l'an 1652, un conseiller au Parlement, du nom d'Andrault, ayant été attaqué la nuit par un assassin, reçut à la poitrine un coup de pistolet dont la balle alla s'aplatir sur son scapulaire. Ce miracle fut annoncé dans la *Gazette de Paris*, le 4 novembre 1652, et l'information juridique en fut envoyée à Rome par ordre du général des Carmes. André d'Andrault fut père de :

Marguerite D'ANDRAULT, née à Bordeaux le 17 septembre 1658, filleule de messire Henry de Montaigne de Bussaguet, conseiller au Parlement, et de dame Marguerite de Pontac.

La généalogie que nous publions ci-après a été dressée exclusivement sur titres. Cette famille s'est alliée aux suivantes : Le Boulanger, de Pommereux, de Gourgues, du Lyon (comme il est prouvé par une lettre du 19 juin 1787), de Lescure, du Burg, d'Auzaneau, de Montaigne, de Pontac, de La Serre, de Fourquier, de Mesplède, de Biroat, de La Porte, de Saige, de Vaulx, de Hos, de La Salle, de Nozeilles, de Lespès de Saubade, de Basquiat, Thomas de Sorlus de Bart, de Majance de Camiran, de La Chassaigne, etc., etc.

I. Peyrothon ANDRAULT, bourgeois de Bazas, vivant au commencement du XVIᵉ siècle (1515), eut pour enfants :

1º François, dont l'article suit ;

2º Gratienne Andrault, mariée à Arnaud Bezon, qui donna quittance de sa dot de 3,000 francs bordelais le 12 janvier 1554 *(v. st. — Orig.)*. Elle fut instituée héritière universelle de son mari, par le testament de ce dernier, du 22 janvier 1557 *(v. st. — Id.)*.

II. François ANDRAULT, bourgeois et citoyen de la ville de Bazas, fut marié avec damoiselle Catherine DE LA SERRE. De ce mariage provinrent :

1º Annet, dont l'article suit ;

2º Pierre Andrault, prêtre, docteur en théologie et curé de Coutures, sur la rivière de Garonne ;

3º Marguerite Andrault, damoiselle, mariée à Mᵉ Mᵉ Jean de Fourquier, receveur des consignations au siége présidial et sénéchal de Bazas.

III. Mʳ Mᵉ Annet ANDRAULT, conseiller, substitut de M. le Procureur Général et procureur du Roi en la ville, prévôté, juridiction et sénéchaussée de Bazas, fut pourvu de cette charge (attributive de noblesse au 2ᵉ degré) par lettres patentes du roi Henry IV, données à Chambéry le 20 octobre 1606. Il avait épousé, par contrat passé le 19 avril 1599, Marie DE MESPLÈDE, damoiselle, qui eut en dot 14,500 livres, fille de sire Bertrand de Mesplède, bourgeois de Bazas, et d'Anne de La Tapie *(orig. en parch.)*. Sa femme et lui firent leur testament mutuel le 26 septembre 1655. Par cet acte, ils déclarent vouloir être ensevelis dans l'église Notre-Dame de Bazas, en la chapelle de Monsieur Saint-Joseph, qu'ils ont fait bâtir et orner, dans laquelle église ils avaient droit de sépulture, et où leurs auteurs et prédécesseurs ont été ensevelis; font divers legs pieux, et nomment leurs enfants dans l'ordre suivant:

1º Mr Mc Pierre Andrault, conseiller du Roi, magistrat au siége présidial de Bazas, marié, par contrat passé le 17 avril 1638, à Suzanne DE BIROAT, damoiselle, fille de Jacques de Biroat, bourgeois de Bazas, et d'Hélène de La Porte, damoiselle;

2º François Andrault, prêtre, chanoine de l'église collégiale de Notre-Dame d'Uzeste, est nommé, avec ses autres frères, dans le testament de leurs père et mère;

3º Mr Mc Étienne Andrault, docteur en théologie, prêtre, et curé de la cure et paroisse de Saint-Martial, en Bénauges;

4º Jean-Baptiste, qui a continué la descendance;

5º Catherine Andrault, damoiselle, mariée, par contrat du 15 septembre 1624, avec Jean de Saige, avocat en la Cour de Parlement de Bordeaux, substitut adjoint de MM. les Gens du Roi au siége présidial et sénéchaussée de Bazas;

6º Marguerite Andrault, damoiselle, mariée, par contrat du 22 mai 1644, à François de Vaulx, bourgeois de la ville de Bordeaux.

IV. Mr Mc Jean-Baptiste ANDRAULT, conseiller, procureur ordinaire du Roi en la ville, prévôté, juridiction et sénéchaussée de Bazas, convoqué au ban de cette sénéchaussée comme vivant noblement, en 1689, reçut en legs la charge de Procureur du Roi de Bazas par le testament de son père. Il mourut le 20 mars 1696, et laissa de son mariage avec Anne DE HOS, damoiselle:

1º Jérôme, dont l'article suit;

2º Isabeau d'Andrault, damoiselle, mariée, le 26 février 1691, dans l'église cathédrale de Saint-Jean de Bazas, à M. Jean Monnereau, avocat en la Cour de Parlement de Bordeaux.

V. Mr Mc Jérôme (Hiérome) D'ANDRAULT, conseiller du Roi, rapporteur des défauts en la sénéchaussée et siége présidial de Bazas, décédé le 17 avril 1752, épousa, par contrat passé en 1722, damoiselle Marguerite DE LA SALLE, fille légitime de feu noble Jean-Charles de La Salle, écuyer, et de damoiselle Catherine de Nozeilhes (copie en parch.). Il fit son testament le 24 septembre 1745; par cet acte, il lègue aux pauvres de l'hôpital Saint-Antoine de Bazas la somme de 50 livres, et aux pauvres honteux la somme de 50 livres; institue son héritier universel son fils unique, etc. Marguerite de La Salle mourut au mois de février 1760, et fut inhumée dans la chapelle de Saint-Joseph en l'église de Notre-Dame de Bazas. De sondit mariage étaient provenus:

1º Jean-Joseph, dont l'article suit;

2º Marie-Ursule d'Andrault, née le 20 avril 1725, épousa, le 23 novembre 1745, Pierre de Biroat, sieur de Lespinasse, procureur du Roi au siége de Bazas, fils de feu Pierre de Biroat, ancien lieutenant de marine, et de dame Jeanne Brustis. Son père lui légua 8,000 livres pour toute sa légitime. De ce mariage:

Jeanne-Marguerite de Biroat de Lespinasse, née le 23 août 1746;

Jeanne de Biroat de Lespinasse, née le 20 décembre 1747.

VI. Messire Jean-Joseph D'ANDRAULT, né le 1er octobre 1725, baptisé le même jour dans l'église de Saint-Jean de Bazas, avocat en Parlement, seigneur de Saint-Pierre de Batz, près la ville de Mont-de-Marsan et autres lieux, conseiller du Roi, lieutenant criminel en la sénéchaussée et siège présidial de Bazas, acquit cette charge moyennant 6,000 livres, le 15 octobre 1749, de dame Élisabeth de Labat, veuve de Jean-François-Joseph de Quincarnon, écuyer (lequel était décédé revêtu dudit office), et en fut pourvu le 50 avril 1750. Il fut nommé conseiller du Roi en la Cour des Aydes et Finances de Guienne, par lettres patentes données à Versailles le 51 juillet 1776, en remplacement d'André-Pierre de Bruls.

Jean-Joseph d'Andrault épousa, par contrat passé le 5 décembre 1755, dame Magdeleine DE LESPÈS DE SAUBADE, de la ville de Mont-de-Marsan, décédée le 12 mars 1797 *(Copie en parch.)*. A ce contrat, par lequel il fut constitué en dot 50,000 livres à la future, assistèrent : noble Mathias de Nozeilhes, écuyer, seigneur de Batz, oncle du futur, et dame Anne d'Ayre, son épouse; noble Étienne de Tauzin, écuyer, cousin germain de la future; noble Joseph de Tauzin, prêtre, docteur en théologie, curé de Saint-Sever, frère du précédent; dame Roquette de Pouységur, veuve de Mr Me Bernard d'Ayre, lieutenant général en la sénéchaussée de Marsan, cousine de la future, etc. Dudit mariage sont issus :

1o Jean-Mathias d'Andrault, né le 22 décembre 1754, mort le 3 janvier 1755;

2o Jean-Joseph Benoît, dont l'article suit;

3o Anne d'Andrault, décédée avant la Révolution;

4o Marguerite d'Andrault, née le 28 janvier 1756, filleule de Pierre de Biroat, procureur du Roi, décédée le 3 juillet 1756;

5o Demoiselle Anne-Catherine d'Andrault, née le 24 juin 1761, mariée, par contrat passé le 19 novembre 1786, dans la ville de Saint-Sever, à messire Étienne de Basquiat, écuyer (chevalier de l'Ordre royal et militaire de Saint-Louis en 1814), ancien officier au régiment Royal, habitant de la ville de Saint-Sever, fils légitime de noble Benoît de Basquiat, écuyer, ancien officier au régiment du Roi-Infanterie, et de feue dame Anne de Lespès. Elle eut en dot 52,000 livres *(copie collat. en parch.)*. A ce contrat ont assisté : messire Benoît-Clément de Basquiat, chevalier, seigneur de Toulousette, Montaut, Pouypatin et autres lieux, capitaine de cavalerie, lieutenant de la maréchaussée, au nom du père du futur; dame Claire de Basquiat, sa sœur; Michel du Brocas, seigneur de La Barthe, son beau-frère, etc.

VII. Messire Jean-Joseph-Benoît D'ANDRAULT, né le 10 mars 1765, étudiant en droit, émigra en 1790, servit dans l'armée de Condé, et fit toutes les campagnes de ce corps jusqu'au licenciement; il passa depuis en Russie, et ne rentra en France qu'en 1805. Il a épousé mademoiselle Anne-Catherine THOMAS DE SORLUS DE BART, fille unique de messire Joseph Thomas de Sorlus de Bart, chevalier de l'Ordre royal et militaire de Saint-Louis, ingénieur ordinaire du Roi, mort maréchal de camp, et de dame Jeanne de Giac. De ce mariage :

1o Étienne-Joseph-Marie-Edmond, dont l'article suit;

2° Anne Catherine d'Andrault, mariée à noble Jacques-Christophe de La Chassaigne, chevalier de l'Ordre romain de l'Éperon-d'Or-Saint-Sylvestre.

VIII. Noble Étienne-Joseph-Marie-Edmond D'ANDRAULT, chef et unique représentant de sa famille en Guienne, est né le 5 septembre 1809 (*Extrait des regist. de l'État civil; présents à l'acte*, Jean-Baptiste-Joseph de Bellot et Joseph-Antoine-Élisabeth-Pie de Carrière.) Il a épousé en 1855 mademoiselle Marie-Louise-Magdeleine-Anne DE MAJANCE DE CAMIRAN, fille de M. Michel-Jules, vicomte de Majance de Camiran et de madame Henriette-Marguerite de Morin. De ce mariage est provenu un fils mort au berceau.

DE LAGEARD,

NOBLES, MESSIRES, ÉCUYERS, CHEVALIERS, SEIGNEURS, COMTES et MARQUIS DE LAGEARD, GRÉ-
SIGNAC et CHERVAL; — SEIGNEURS DU BOURBET, SAINT-MARTIAL, LA GRANGE, LA
CHAPELLE, BEAUMONT, JOUAILLE, LA RENNERIE, BEAUREGARD, VIVEYROUX, BELLE-
JOYE, LES BORIES, LUSIGNAC, LE BREUIL, MARANDA, VILLIERS, SEMENS, LA PIER-
RIÈRE, SAINT-BRICE, SAINT-MARTIN, RÉBUILHIDE, SAINT-MARC, CANET, SAINT-SEURIN
SUR L'ISLE, LA GASTAUDIE, L'ISLE D'ARGENTON, MAZION, PEYRE, GUILHAC, CORBIN,
etc.; — BARONS DE MONTBADON; — COMTES DE LA TOUSCHE; — GRANDS SÉNÉCHAUX D'ANGOU-
MOIS, etc.; — *en Angoumois, Saintonge, Périgord, Bordelois, Bazadois, Agenois, etc.*

ARMES : — DE LAGEARD-CHERVAL et GRÉSIGNAC : *D'azur, au lion d'or, lampassé et armé de
gueules, accompagné d'un croissant d'argent posé au canton senestre du chef.* — DE LAGEARD-
MONTBADON : *D'azur, au lion contourné d'or, la queue surmontée d'un croissant d'argent.* —
DE LAGEARD-LA GRANGE : *D'azur, au lion contourné d'argent, lampassé et armé de gueules,
surmonté d'un croissant d'argent posé au canton dextre du chef.* — Couronnes de marquis, de
comte et de baron, suivant les branches; écu posé sur un cartouche. Devise : ATAVIS ET
ARMIS.

La généalogie des premières branches de cette ancienne famille a été publiée dans
le *Dictionnaire de la Noblesse*, par M. de La Chesnaye des Bois *(2ᵉ édit., 1774,
Paris, t. VII, p. 156, 157, 158)*. Nous l'en avons extraite avec quelques modifications
indispensables, et nous y avons ajouté l'histoire généalogique des branches cadettes
de Montbadon, de Semens et de Rébuilhide, dont une seule qui subsiste actuellement
a transmis le nom de Lageard jusqu'à nos jours; cette seconde partie du travail a été
relevée par nous sur les titres de famille déposés aux Archives de Bordeaux, en 1755,
par la maison de Lageard-Semens.

Cette famille a eu de brillants services pendant plus de quatre siècles, des alliances
toujours honorables et souvent marquantes; elle est connue depuis 1506 par filiation
suivie, d'après le Mémoire inséré dans l'ouvrage dont nous avons parlé. On peut
ajouter aux renseignements qu'il contient les suivants, extraits du *Répertoire des
familles nobles au XVIᵉ siècle :*

Pierre LE JARD, ou LE JAART, écuyer, seigneur de l'Isle d'Argenton, passa un acte
devant Périneau, notaire, le 29 mai 1534. Il transigea devant G. Lafont, aussi notaire,
le 5 juin 1540.

Fronton LAJART, ou LAGEART, écuyer, sieur de Mazion, en Blayez, épousa Jeanne
FURT le 2 décembre 1554; il avait fait son testament dès le 27 novembre précédent.

François LACHART, écuyer, de Villeréal, en Agenois, était marié, le 25 mars 1541 *(v. st.)*, avec Marie ROLAND.

Ramond LAGEARD, chevalier, seigneur de Peyre, passa un acte, en 1579, devant Castaigne, notaire.

Une branche de la maison de Lageard paraît s'être établie dans le Languedoc, puisque N... de Lajard de Canet a assisté, en 1789, à l'Assemblée de la Noblesse de Lodève. (DE COURCELLES, *Dictionnaire de la Noblesse.*)

I. Hélie DE LAGEARD, seigneur du Bourbet, Cherval, Saint-Martial, Grésignac et La Chapelle, en Périgord, fut du nombre des seigneurs députés en 1506 vers le roi Louis XII, pour le prier de marier la princesse Claude, sa fille aînée, à François de Valois, comte d'Angoulême, son héritier présomptif à la couronne de France. Il eut pour fils :

II. Laurent DE LAGEARD, chevalier, seigneur du Bourbet, Cherval, Saint-Martial, Grésignac, La Chapelle et Jouaille, conseiller au Parlement de Bordeaux en 1554, sénéchal d'Angoumois sous le règne de François Ier, ambassadeur du roi Henry II, fut créé chevalier par lettres patentes du roi Henry II, données au château d'Amboise au mois de mars 1555 *(v. st.)*, en récompense de ses bons services, et notamment de ceux qu'il avait rendus pendant son ambassade d'Angleterre. Il eut de son épouse Gabrielle DE SALIGNAC DE FÉNÉLON, fille de Claude de Salignac de Fénélon, seigneur de La Poncie, deux fils, auteurs chacun d'une branche de la maison de Lageard, savoir :

1º Geoffroy de Lageard, chevalier, institué héritier universel par le codicille de son père, en date du 1er octobre 1560. Il lui succéda dans sa charge de sénéchal d'Angoumois, dont le roi Henry II lui avait assuré la survivance, et épousa, par contrat du 1er octobre 1571, Geneviève ARNAUD, des seigneurs de La Borie-Fricard et de La Treille, en Périgord. De ce mariage provinrent deux fils :

A. Philippe de Lageard, chevalier, seigneur du Bourbet, Cherval, Saint-Martial, Grésignac, La Chapelle, Beauregard et Viveyroux, sénéchal d'Angoumois par lettres du roi Henry IV, datées du dernier mai 1600, épousa, par contrat du 27 juin 1599, Renée GOULLARD, fille de Jacques Goullard, chevalier, seigneur baron de Touverac et de La Faye, et de dame Françoise de La Tousche. De ce mariage provinrent cinq enfants que nous allons énumérer en leur rang :

a. François de Lageard, chevalier, seigneur de Cherval, de Saint-Martial et du fief de Bellejoye, dans la ville d'Angoulême, grand sénéchal d'Angoumois, représenta, au mois de décembre 1666, ainsi que Pierre de Lageard, son frère, écuyer, sieur de Beauregard, les titres de noblesse de leur famille, devant M. de Montozon, commissaire subdélégué à Périgueux de M. Pellot, intendant de Guienne, s'allia, par contrat passé le 14 janvier 1647, à Suzanne DE MAZAN, fille de Jacques de Mazan, gouverneur de Talmont, en Saintonge, et de Jeanne de Dreille. De cette union naquirent deux enfants, savoir :

I. Jean-Hélie de Lageard, chevalier, seigneur, comte de Cherval, grand
sénéchal d'Angoumois, marié en 1686 à Marguerite DE LA TOUSCHE, morte
en 1756, à l'âge de 92 ans, fille de François de La Tousche, chevalier,
seigneur de Crisac. Il fit registrer, à Périgueux, le 13 juin 1698, ses
armoiries en l'Armorial Général de France, de la manière suivante :
*d'azur, au lion d'or, lampassé et armé de gueules, la queue surmontée d'un
croissant d'argent.* De ce mariage sont provenus six enfants que nous
énumérerons en leur rang :

1º' Pierre de Lageard, chevalier, seigneur, comte de Cherval, seigneur
de Saint-Martial et de Lusignac, grand sénéchal d'Angoumois, épousa
sa cousine germaine Jeanne DE LA PORTE, fille aînée et principale
héritière d'Hélie-Jean de La Porte, chevalier, seigneur de Lusignac,
et de Marthe de La Tousche. De ce mariage sont provenus trois
enfants, savoir :

A' Jean de Lageard, *dit* le Comte de Cherval, né en 1715, capitaine
de cavalerie au régiment de Pons, tué à la bataille de Rosbach
en 1757, laissant de son mariage avec Magdeleine DE LARTIGUE :

Pierre de Lageard, chevalier, seigneur, comte de Cherval, reçu
page de la petite écurie du Roi en 1766, épousa N... DE
MENOU, fille de N... de Menou, gouverneur de Nantes. De
ce mariage sont provenus trois enfants, savoir :

I' Ludovic de Lageard de Cherval, *dit* le Marquis de
Cherval, décédé en 1855, marié à mademoiselle D'HAU-
TERIVE, dont il a eu trois enfants :

1º" Charles, *dit* Carlos de Lageard, mort sans alliance ;

2º" Léodie de Lageard-Cherval, alliée à N... de
Monteilh ;

3º" Adélie de Lageard, mariée à M. de Faubournet-
Montferrand.

II' N... de Lageard-Cherval, mariée à N... de Valette-
Montbrun ;

III' Modesta de Lageard, mariée avec N... de Royère.

B' François de Lageard, capitaine au régiment de Penthièvre,
mort sans alliance ;

C' Marie-Françoise de Lageard, alliée : 1º en 1746, avec N... Bouchard, comte des Plassons, brigadier des armées du Roi, lieu-
tenant-colonel du régiment Dauphin-Dragons ; 2º en 1770, à
son cousin germain Raphaël de Lageard, *dit* le Marquis de
Cherval, dont nous parlerons ci-après.

2º' Charles-Emmanuel de Lageard, *dit* le Chevalier, puis le Comte de
Cherval, chevalier, seigneur des Bories, lieutenant pour le Roi et
commandant dans la ville et château d'Angoulême, convoqué au
ban de la châtellenie de Châteauneuf, en Saintonge, et déclaré
exempt le 10 avril 1692, major de la Mestre de Camp-Général-
Dragons, l'un des majors de Prague, puis commandant de Pont-à-
Mousson, en Lorraine, épousa dans cette ville, en 1736, N... DE

RAGOT, dont il eut plusieurs enfants, entre autres les quatre dont nous allons parler :

A' Raphaël de Lageard, *dit* le Marquis de Cherval, capitaine au régiment de Champagne, marié : 1° en 1770, à Marie-Françoise DE LAGEARD, sa cousine germaine, veuve de N... Bouchard, comte des Plassons, fille de Pierre de Lageard et de Jeanne de La Porte; 2° à N... DE ROBINET DE PLAS. De ce second mariage :

   a' Antoinette de Lageard, mariée à Louis de Gastebois;

      b' Suzanne de Lageard, mariée à Jean-Baptiste de Gastebois, son beau-frère, décédée sans postérité.

B' N... de Lageard, qui passa à l'île Maurice durant la Révolution, s'y maria, et y a laissé postérité, représentée actuellement par Louis de Lageard, son petit-fils;

C' N..., chevalier de Lageard, gouverneur de S. A. R. Monseigneur le duc de Berry, mort à Rome auprès de ce jeune prince pendant la Révolution;

D' N... de Lageard, grand vicaire d'Autun;

E' N... de Lageard, mariée avec N..., marquis de Chamillart, frère utérin de la comtesse de Périgord.

3°' Raphaël de Lageard, *dit* le Comte de La Tousche, marié en 1740 à N... DE ROBINET DE PLAS, dont il n'a point eu d'enfants;

4°' Pierre de Lageard, brigadier des gardes du corps du Roi, chevalier de l'Ordre royal et militaire de Saint-Louis;

5°' Charles de Lageard, *dit* le Chevalier de Saint-Martial, marié avec sa cousine germaine Aimée DE ROBINET DE PONCET;

6°' Jeanne de Lageard, *dite* Mademoiselle de Cherval.

II. Nicole de Lageard, mariée avec Jacques de Robinet, seigneur de Poncet.

b. Pierre de Lageard, chevalier, seigneur de Grésignac, La Chapelle, Villiers et Beauregard, *dit* le Marquis de Grésignac, épousa, par contrat du 17 janvier 1655, Antoinette DE LA BROUSSE, fille de Thibaud de La Brousse, seigneur de La Poujade et de Puyrigard, et de Bertrande du Chesne, et sœur de Nicolas de La Brousse, comte de Verteillac, lieutenant général des armées du Roi, gouverneur de Mons. Antoinette de La Brousse, étant veuve, fit registrer ses armoiries à l'Armorial Général de France, à Périgueux, le 27 août 1700. De ce mariage sont provenus six enfants que nous énumérerons en leur rang :

I. Messire Réné de Lageard de Cherval, *dit* le Marquis de Grésignac, chevalier, seigneur de Beauregard, La Chapelle, Le Breuil et Grésignac, né le 15 juillet 1660, capitaine au régiment Dauphin, mort le 7 avril 1739, fit enregistrer à Périgueux, de la manière suivante, le 13 juin 1698, ses armoiries dans l'Armorial Général de France : *d'azur, au lion d'or, lampassé et armé de gueules, accompagné d'un croissant d'argent posé au canton senestre du chef.* Il avait épousé à Nancy, en Lorraine, par contrat passé le 19 octobre 1696, Catherine-Valérie DE RENUEL, fille de Charles-Jean, comte de Renuel et du Saint Empire Romain, chevalier, seigneur d'Andilly, et de dame Thérèze-Françoise de Rousselot, décédée le 13 février 1752, à l'âge de 78 ans, laissant de sondit mariage sept enfants dont nous parlerons successivement :

1°' Messire Jean-François, *dit* le Marquis de Lageard, chevalier, seigneur de Grésignac, La Chapelle, Beauregard et autres places, né le 8 mars 1700, mort le 27 mars 1764, avait épousé, par contrat passé le 23 janvier 1737, Magdeleine DE LA PISSE, fille de François de La Pisse, chevalier, seigneur de Langlardie, et de Marguerite de Mazière du Passage. De cette union sont nés cinq enfants :

A' René de Lageard, *dit* le Marquis de Grésignac, chevalier, seigneur de Grésignac et de La Chapelle, né le 28 décembre 1757, reçu page de la Grande-Écurie du Roi en 1756, marié, le 26 juin 1762, avec Anne DE BEAUCHAMPS, dame du Breuil, fille unique et héritière de Jean-Pierre de Beauchamps, seigneur du Breuil, et de Marie-Isabeau de Foucauld de Pontbriand. De ce mariage sont provenus quatre enfants :

a' Pierre-César-Thibaud de Lageard, marquis de Lageard, seigneur de Maranda, né le 23 août 1764, fut nommé page de la Grande-Écurie du Roi en 1779, et capitaine de dragons en 1786 ; il émigra en 1790, et fit toutes les campagnes de l'armée de Condé, dans lesquelles il se fit particulièrement remarquer par les princes de la famille royale, dont il était familièrement traité ; il eut même le bonheur de rendre des services particuliers à Monseigneur le duc de Berry. Il a laissé de son mariage avec N... DU BREUIL-HÉLION DE LA GUÉRONNIÈRE, fille de Marc-Antoine-Bernard du Breuil-Hélion de La Guéronnière, seigneur de Lusy et de Maranda, baron des Étangs, chevalier de l'Ordre royal et militaire de Saint-Louis, ancien capitaine au régiment de Champagne, et de demoiselle N... de La Breuil :

Marie-Thérèze de Lageard, mariée en 1834 à Paul, comte de Martin de Marcellus, dont :

Marie-Valentine de Martin de Marcellus, née le 2 octobre 1836 ;

Marie-Charles-Henry de Martin de Marcellus, né le 15 mai 1838 ;

Marie-Françoise-Thérèze de Martin de Marcellus, née le 4 novembre 1841 ;

Marie-Louise de Martin de Marcellus, née le 2 juillet 1843.

b' Claude de Lageard, *dit* le Chevalier de Grésignac, mort page de la Grande-Écurie du Roi ;

c' Marie de Lageard, *dite* Mademoiselle du Breuil, mariée à N... Bouchier de Vigneras ;

d' Marie-Thérèze de Lageard de Grésignac, née le 17 juillet 1775, seconde femme, par contrat du 12 octobre 1807, de Louis-Jean-Gaspard-Charles, vicomte de Lestrade de La Cousse, ancien capitaine d'infanterie.

B' Léonard, *dit* le Chevalier de Lageard, seigneur de Beauregard ;

C' Thérèze de Lageard, *dite* Mademoiselle de Grésignac ;

D' Marie, *dite* Mademoiselle de Lageard;

E' Marie de Lageard, *dite* Mademoiselle de La Chapelle, mariée à Louis de Roux de Lusson.

2o' Joseph de Lageard, *dit* l'Abbé de Beauregard, prieur commandataire de Réaumond, en Normandie;

3o' Antoinette de Lageard, religieuse de Notre-Dame de Périgueux;

4o' Marie de Lageard, alliée, le 12 septembre 1729, à Léonard de Monteil, chevalier, seigneur d'Outillac et de Merville;

5o' Françoise de Lageard, mariée en 1744 à François de Monteil, cousin de Léonard de Monteil, dont nous venons de parler;

6o' Antoinette de Lageard, religieuse au couvent de Fontaine, ordre de Fontévrauld.

II. Raymond de Lageard, mort le 12 juillet 1727;

III. Pierre de Lageard, seigneur de Villiers, mort sans alliance;

IV. Jean de Lageard, *dit* le Chevalier de Beauregard, mort également sans alliance;

V. Dauphine de Lageard, mariée avec Armand de Salignac de La Mothe-Fénélon en 1695, morte le 3 novembre 1722;

VI. Marie de Lageard, femme de Joseph Comte, seigneur de La Grènerie.

c. Jeanne de Lageard, mariée à René de Galard de Béarn, chevalier, seigneur d'Argentine;

d. Marie de Lageard, alliée en 1651 à Pierre de La Porte, chevalier, seigneur de La Porte et de Lusignac, baron de La Saladie;

e. Françoise de Lageard, femme de Jean de Raymond, chevalier, seigneur de La Gauterie.

B. François de Lageard, dont la postérité est éteinte.

2o François, qui a continué la descendance.

II. Noble, messire François DE LAGEARD, chevalier, seigneur de Semens, La Gastaudie et La Pierrière, baron de Montbadon, se fixa dans le Bordelois par le mariage qu'il contracta, le 7 août 1607, avec Marguerite DE PUYPERON, demoiselle, fille unique et héritière de Henry de Puyperon, chevalier, seigneur de Semens, baron de Montbadon, et de demoiselle Renée de Dieuzayde. Marguerite de Puyperon rendit hommage au Roi de la seigneurie de Semens, le 15 juin 1619, et en fournit l'aveu et dénombrement les 6 et 12 novembre même année. François de Lageard fit hommage à l'archevêque de Bordeaux des cens et rentes qu'il possédait à Montravel, le 20 janvier 1651, lesquels avaient été acquis par lui le 19 mai 1595. Avec sa femme, il fit son testament mutuel, le 25 juillet 1648; décéda peu de temps après, et son épouse transigea, le 27 septembre 1648, avec ses fils et ses filles, pour ce qui devait leur revenir à chacun (*Histoire de Libourne, par* Raymond GUINODIE aîné, *t. III, p. 281*). De leur mariage étaient provenus:

1o Noble Philippe de Lageard, chevalier, baron de Montbadon, seigneur de Semens, Saint-Seurin-sur-l'Isle, Corbin et autres places, institué héritier universel par le testament de ses père et mère, épousa, par contrat passé le 20 août 1660, Marie DE

Maillet de Corbin, fille de feu noble André de Maillet, écuyer, sieur de Corbin, en la paroisse de Mazerat, juridiction de Saint-Émilion, et de demoiselle Marie Maurin. Par son testament en date du 27 février 1663, il institua sa femme tutrice de leurs enfants, au cas où elle ne se remarierait pas. Il vivait encore en 1665, et laissa :

A. Noble François de Lageard, écuyer, chevalier, seigneur, baron de Montbadon, seigneur de Semens, au nom duquel son tuteur et oncle, noble Raymond de Lageard, rendit hommage, le 16 juin 1668, à l'archevêque de Bordeaux, des biens qu'il avait à Montravel. Le 29 novembre 1697, François de Lageard fit enregistrer ses armoiries dans l'Armorial Général de France, à Bordeaux, de la manière suivante : *d'azur, au lion contourné d'or, la queue surmontée d'un croissant d'argent.* Le 1er juillet 1694, faisant partie du ban et arrière-ban de la province de Guienne, commandé par le marquis de Montferrand, grand sénéchal, il avait assisté à la revue de Langon. Il vivait encore en 1701, et laissa deux filles :

    a. Marie de Lageard, alliée à Jean-Baptiste de La Faurie, conseiller au Parlement de Bordeaux, auquel elle porta la baronnie de Montbadon. De cette union :

        Messire Christophe de La Faurie, seigneur, baron de Montbadon, seigneur de Reynier et de Feydeau, conseiller au Parlement de Guienne, marié à Jeanne Raymond de La Lande;

        Dame Anne de La Faurie de Montbadon, dame d'honneur de Mesdames de France, alliée à Émeric-Joseph de Durfort, chevalier, seigneur, marquis, puis duc de Civrac.

    b. Charlotte de Lageard, mariée à messire Adrien Goullard, chevalier, seigneur de Polignac, capitaine au régiment de la Reine, morte sans postérité avant le 4 mars 1699.

  B. Magdeleine de Lageard.

2° Henry-Raymond, qui a continué la descendance;

3° Honoré de Lageard, écuyer, légataire de 10,000 livres, par le testament de ses père et mère;

4° Jean-Louis de Lageard, chevalier, seigneur de Rébuilhide, fut légataire de 150 livres de rente annuelle, par le testament de ses père et mère. Le 21 février 1698, il fit enregistrer à Bordeaux, en l'Armorial Général de France, ses armoiries, de la manière suivante : *d'azur, au lion d'or, accompagné d'un croissant d'argent posé au-dessus de la queue.*

5° Magdeleine de Lageard,   } légataires, chacune, de 10,000 livres une fois payées;
6° Françoise de Lageard,   }

7° Charlotte de Lageard de Montbadon, alliée, par contrat passé le 23 juillet 1644, avec Raymond Grimoard, écuyer, seigneur de Vivans, fils de François Grimoard, chevalier, seigneur de Frateaux, La Salle, Faugery et Saint-Pardoux, et de dame Lucrèce de Mellet de Fayolles. Elle fut légataire de 10,000 livres, par le testament de ses père et mère.

III. Noble Henry–Raymond de Lageard, chevalier, seigneur de Saint-Martin, puis de Semens, en la paroisse de Saint-Brice, juridiction de Sauveterre, fut nommé tuteur des enfants de feu Philippe de Lageard, son frère aîné; rendit hommage, le 8 décembre 1685, à l'archevêque de Bordeaux, pour les biens, cens et rentes qu'il tenait au lieu de Montravel, en Périgord, et épousa, par contrat passé le 12 juin 1652, devant Boyneau, notaire royal, damoyselle Anne DU CARPE. Il rendit hommage au Roi pour sa maison de Semens, le 2 septembre 1671; en fournit le dénombrement et aveu les 25 décembre suivant et 50 août 1687, et laissa de sondit mariage :

1º François de Lageard, né le 24 août 1654;
2º Raymond, qui a continué la descendance;
3º Anne-Louise-Emmanuelle de Lageard, damoyselle de Semens (1698).

IV. Noble, messire Raymond DE LAGEARD, chevalier, seigneur de Semens et de Saint-Martin, épousa, par contrat du 16 août 1781, N..... Il fournit aux commissaires du Roi aveu et dénombrement de sa maison noble de Semens, par devant les Trésoriers de France du bureau de Guienne, le 25 novembre 1695; fit registrer ses armoiries de la manière suivante, en l'Armorial Général de France, à Bordeaux, le 21 février 1698 : *D'azur, au lion d'or, accompagné d'un croissant d'argent posé audessus de la queue*, et donna déclaration pour la seigneurie de Semens le 28 août 1700. Par ordonnance de Monsieur Bazin de Bezons, intendant de Guienne, en date du 1er juillet 1697 (*signé* BAZIN DE BEZONS), Raymond de Lageard avait été déchargé de l'assignation à lui donnée par le traitant et maintenu dans sa noblesse. Il eut pour fils :

V. Messire Jean-Louis DE LAGEARD, seigneur de Semens et de Rébuilhide, fut marié, par contrat passé le 9 avril 1686, devant Fourcassies, notaire royal, avec demoiselle Triaise DE CABLES. Il eut de cette union :

VI. Messire François DE LAGEARD, chevalier, seigneur de Semens, de La Pierrière et autres places, épousa, par contrat passé le 12 mars 1711, devant Gorry, notaire royal, demoiselle Anne DE LAGEARD. Il prit des lettres en la chancellerie près la Cour de Parlement de Bordeaux, aux fins de l'hommage par lui rendu de sa maison de Semens, le 11 mai 1756, et fournit l'aveu et dénombrement de cette seigneurie aux commissaires de Sa Majesté, le 24 août suivant. Le 27 juin 1755, pour se conformer aux prescriptions des arrêts de la Cour des Aydes et Finances de Guienne, François de Lageard produisit au secrétariat de cette Cour ses titres de noblesse, et les retira, le 24 août 1754, du consentement du procureur général. Il laissa de sondit mariage :

1º Messire Jean-François de Lageard, écuyer, lieutenant colonel, chevalier de l'Ordre royal et militaire de Saint-Louis, seigneur de Saint-Brice et de Semens, assista en 1789 à l'Assemblée de la Noblesse de Bazas. Il eut de son mariage avec dame Adélaïde DE NORT :

Rosalie-Félicité de Lageard, héritière de Semens, née le 18 mars 1776, mariée à N... du Foussat, morte après 1810.

2º Philippe, qui a continué la descendance;

3º Raymond de Lageard, *dit* le Chevalier de Rébuilhide, mort sans enfants ;

4º Messire Pierre de Lageard-Saint-Marc, seigneur de Rébuilhide, convoqué en 1789 à l'Assemblée de la Noblesse de Bordeaux. Il a laissé un fils naturel ;

5º Messire Pierre de Lageard-Semens, né le 15 décembre 1738, filleul de Pierre de Lageard, son frère, et de Marie-Claire de Carles ;

6º N... de Lageard, sieur de Saint-Brice, ecclésiastique ;

7º Anne de Lageard de Semens ;

8º N... de Lageard, religieuse ;

9º N... de Lageard, *dite* Mademoiselle de Saint-Brice ;

10º Marguerite de Lageard, mariée à N... de Crépelayne de Crèvecœur ;

11º Demoiselle Jeanne de Lageard, née le 30 mai 1729, admise au couvent royal de Saint-Cyr en vertu d'un brevet de Sa Majesté, en date du 23 avril 1740 (*signé* Louis, *et plus bas,* PHELYPEAUX).

VII. Philippe DE LAGEARD DE SAINT-SEURIN, capitaine au régiment Royal-Vaisseaux, partagea avec ses frères la succession de leur père en 1776 ; il est mort en 1809, et a laissé de son mariage contracté en 1798 avec Thérèze BASSALER, décédée en 1825 :

1º Léonard, dont l'article suit ;

2º Marie-Thérèze de Lageard, mariée en 1822 à Jean-Baptiste-Simon Aymen.

VIII. Noble Léonard DE LAGEARD a épousé, en 1825, Caroline-Aimée-Félicité DE MONS DE DUNES, dont sont provenues :

1º Marie-Thérèse-Félicité de Lageard, alliée à Jean-Baptiste-Alexandre-Casimir de Gastebois de Marignac le 2 octobre 1848 ;

2º Jeanne-Marie-Philippine-Hermine de Lageard, alliée à M. Jean-Luc de Gères le 29 janvier 1849, décédée ;

3º Marie-Véronique-Caroline-Alexandrine de Lageard, morte à l'âge de 15 ans.

NOTA. — On trouve, en outre, à diverses époques :

N... de Grailly-Lageard, faisant partie des sujets au ban et arrière-ban de Guienne, en 1689 ;

Françoise de Lageard, épouse, en 1654, de Pierre Raymond, chevalier, seigneur d'Aulaigne ;

Marguerite de Lageard, mariée, le 12 octobre 1668, à Jean IV de Maillard, écuyer, sieur de La Combe et en partie de Beaussac. Étant veuve, elle transigea, le 17 septembre 1681, avec Bertrand de Vassal, chevalier, seigneur de Purecet, et Jeanne Mousnier, sa femme, et testa le 4 septembre 1684.

Marie-Magdeleine de Lageard, dame de Beaumont et de Salles, épouse, en 1706, de messire Gabriel-Sicaire du Chazeau, écuyer, seigneur de Beaumont et de La Rennerie.

DE ROUSSET DU CLUZEAU,

NOBLES, ÉCUYERS, SEIGNEURS DU CLUZEAU, BOSREDON, etc.; — *en Sarladois.*

ARMES : *D'or, à 3 bandes de sinople.* Casque taré au tiers de cinq grilles, orné de ses lambrequins d'or et de sinople.

Cette famille, l'une des plus anciennes du Périgord, s'est fondue en 1674 dans la maison de Senigon de Roumefort, qui en a relevé les noms et les armes.

L'identité parfaite de ses armoiries avec celles de Salignac-Fénélon pourrait faire supposer qu'elle est une branche de cette illustre famille. Ses alliances et ses services sont des plus honorables, comme on le verra par la généalogie que nous donnons ci-après :

I. Noble Jean DE ROUSSET, Ier du nom, écuyer, seigneur du Cluzeau en 1448, obtint une sentence en décharge des tailles et autres subsides, comme étant issu de race noble, le 6 décembre 1451 *(donation du 2 janvier 1493, v. st.).* Il eut de son épouse Sybille DE ROUGIER :

1º Bertrand, dont l'article suit;
2º Peyronne de Rousset, damoiselle, qui fit une donation à son frère le 2 janvier 1493 *(v. st.).*

II. Noble Bertrand DE ROUSSET, seigneur du Cluzeau *(contrat de reconnaissance du 9 août 1494; transaction du 10 février 1508, v. st.),* épousa Jeanne DE FARS, damoiselle, laquelle et Jean de Plamont transigèrent, le 10 février 1508 *(v. st.),* avec son fils, qui suit :

III. Noble Jean DE ROUSSET, IIe du nom, écuyer, seigneur du Cluzeau, épousa, par contrat passé le 25 avril 1518, demoiselle Catherine DE MARSALÈS. Il testa le 14 mai 1555, et laissa de sondit mariage :

1º Pons, dont l'article suit;
2º Jean de Rousset, capitaine, qui, vers l'année 1558, et sous le règne de Henry II, fut établi gouverneur du château de Casal, capitale du Montferrat, comme on peut le voir dans les *Mémoires de* BRANTÔME, où il est dit que les capitaines Cluzeau, de Sarlat, et Pont d'Asture, furent les premiers qui pénétrèrent par escalade dans la ville de Casal, égorgèrent les sentinelles, prirent la place, furent nommés tous deux gouverneurs du château et reçurent chacun 1,000 écus de récompense pour ce fait d'armes *(pag. 539, 541).* Il laissa pour fils :

Jean de Rousset, dont la branche s'éteignit en 1643, fut reconnu noble d'extraction avec demoiselle Marguerite DE BOUQUET, sa femme, par une sentence de l'Élection de Périgueux, rendue contradictoirement avec le syndic de la ville et juridiction d'Issigeac, le 10 octobre 1571. Cette sentence fut enregistrée au Parlement de Bordeaux, le 9 novembre 1634, à la réquisition de Pierre de Rousset, écuyer, sieur du Cluzeau.

3° Bozon de Rousset;
4° Flore de Rousset.

IV. Noble Pons DE ROUSSET, écuyer, seigneur du Cluzeau, épousa, par contrat passé le 17 avril 1548 *(v. st.)*, demoiselle Marguerite DE BARDON. Il fit son testament le 15 juin 1567, et laissa de sondit mariage :

V. Noble Paul DE ROUSSET, écuyer, seigneur du Cluzeau, marié, par contrat passé le 24 mars 1598, à demoiselle Olympe D'ABZAC *(Généal. d'Abzac, arrêt du Parlement de Bordeaux du 12 août 1614)*, fille de François d'Abzac, écuyer, seigneur de Campagnac, de Siorac et de La Serre, et de dame Anne Seyrat, damoiselle de Beauregard. De ce mariage sont provenus :

1° Jacques, dont l'article suit;
2° Noble Pierre de Rousset, écuyer, seigneur de Bosredon, maintenu dans sa noblesse de race par M. Pellot, intendant de Guienne, et habitant du lieu de Proissans, fut convoqué en 1690 au ban et arrière-ban des gentilshommes du Sarladois. Il épousa Jeanne DE MONTARD, et mourut sans enfants mâles;
3° Olympe de Rousset, morte avant le 10 mars 1703, épouse de Daniel de Carrière, écuyer, seigneur de Montvert *(Généal. de Laurière)*. Elle et son mari avaient fait leur testament mutuel le 16 avril 1685.

VI. Noble Jacques DE ROUSSET, écuyer, seigneur du Cluzeau, maintenu dans sa noblesse par jugement de M. Pellot, intendant de Guienne, et habitant au repaire du Cluzeau, juridiction d'Issigeac, sénéchaussée de Sarlat *(transactions des 27 mai 1648 et 9 avril 1630; arch. de l'auteur)*, fut convoqué au ban de cette sénéchaussée en 1690. Il épousa : 1° par contrat passé le 26 juillet 1626, demoiselle Catherine DE CANTERAC; 2° par acte du 7 juillet 1657, demoiselle Isabeau DE SAUBAT, et fit son testament le 21 mai 1671. Du second lit :

1° Noble Pierre de Rousset, écuyer, seigneur du Cluzeau, marié, par contrat passé le 8 janvier 1674, avec Suzanne DRÈME, damoiselle, fit son testament le 4 juillet 1712. Il habitait au château du Cluzeau, paroisse de Montmarvès, juridiction d'Issigeac, lorsqu'il fut convoqué au ban de 1690, et, n'ayant point d'enfants de sondit mariage, laissa tous ses biens à Étienne de Senigon de Roumefort, son neveu, à la charge de porter son nom et ses armes.
2° Izabeau, dont l'article suit.

VII. Izabeau DE ROUSSET, dame du Cluzeau, épousa, par contrat passé le 51 juillet 1674, Izaac de SENIGON, écuyer, sieur de Roumefort et de Fontaignane, dont vint :

Étienne de Senigon de Rousset de Roumefort et du Cluzeau.

DE SENIGON DE ROUSSET DE ROUMEFORT DU CLUZEAU,

Nobles, messires, écuyers, chevaliers, seigneurs, comtes de ROUMEFORT; — seigneurs de ROUMEFORT, LE PAZIER, LE CLUZEAU, FONTAIGNANE, L'ESTANG, THENAC, LA ROUSSIE, etc.; — *en Limosin, Périgord, Agenois, Saintonge, etc.*

Armes : *Écartelé, aux 1 et 4, d'or, à 2 lions affrontés d'azur; aux 2 et 3, d'or, à 3 bandes de sinople,* qui est de Rousset du Cluzeau; sur le tout : *d'azur, à 3 cigognes d'argent, becquées et membrées d'or, allumées de gueules,* qui est de Senigon. Couronne de comte; supports : deux lions. Croix de Saint-Louis appendue au bas de l'écu.

La famille de Senigon, établie en Périgord depuis le commencement du XVIᵉ siècle, est issue d'une ancienne noblesse du Limosin. Selon la tradition qui s'est conservée dans cette maison, un de ses ancêtres directs ayant été tué à la bataille de Pavie, livrée le 24 février 1525, laissa plusieurs enfants en bas âge, qui, durant les guerres de religion, perdirent leurs titres et leur fortune, et se dispersèrent en diverses provinces. Ces faits se trouvent consignés dans un Mémoire remis à la Cour des Aydes de Guienne en 1745, faisant actuellement partie du dépôt des *Archives départementales de la Gironde.*

Une branche de cette maison s'étant fixée à Puyguilhem, en Périgord, s'allia en 1674 à la famille de Rousset du Cluzeau et hérita de son nom, de ses armes et de sa fortune, en vertu d'un testament authentique portant substitution en sa faveur sous la date du 4 juillet 1712, ratifié par lettres-patentes du roi Louis XV au mois de septembre 1720, renouvelées par autres du même prince du 8 juin 1758, et enregistrées en 1759. En 1768, par suite d'un échange de propriétés avec messire Alexandre-Jean-Marie de Larrard, chevalier, seigneur, marquis de Puyguilhem, en la sénéchaussée de Bergerac, officier au régiment des Gardes Fançaises, la famille de Senigon de Roumefort alla s'établir en Agenois. Son unique représentant s'est fixé en Saintonge en 1819, par suite de son mariage avec l'héritière de la maison de Goullard de La Ferté de Laléard, etc.

Depuis les lettres-patentes dont nous venons de parler, la famille de Senigon de Roumefort a pris dans tous les actes publics les noms de Rousset du Cluzeau, qu'elle a ajoutés aux siens propres.

C'est principalement sous le nom de Roumefort que tous les membres de cette famille étaient connus à l'armée; c'est aussi celui sous lequel ils se sont, de père en fils, dévoués au service du Roi et de leur pays.

L'une des premières à embrasser le protestantisme, cette maison fut assujettie à bien des vicissitudes de fortune et de position. Deux fois on la voit obligée de fuir sa province pour échapper aux persécutions. Privée ainsi de ses propriétés et de ses titres, elle ne put rentrer en possession de ses biens et de ses droits que lorsqu'elle fut revenue à la religion de ses pères.

Les perturbations provoquées par deux émigrations religieuses et par deux minorités entraînèrent pour cette maison la perte exclusive de ses papiers les plus précieux. Ceux qui lui restent, et d'après lesquels a été dressée la généalogie qui va suivre, n'eussent probablement pas échappé aux désastreux effets de la Révolution, s'ils n'avaient été emportés hors de France par ceux des membres de cette famille qui émigrèrent en 1790.

Toutefois, malgré les pertes dont nous parlons et les lacunes qui peuvent en résulter, l'ancienneté de cette famille est suffisamment rendue incontestable par la position sociale que ses ancêtres ont occupée, position résultant naturellement des qualifications qu'ils reçoivent dans les premiers actes authentiques parvenus jusqu'à nous, et qui sont inséparables d'une noblesse ancienne et d'une origine reculée. C'est ce qui explique comment à chaque génération les membres de la maison de Senigon de Roumefort contractèrent des alliances fort honorables dans le pays même qu'ils habitaient, et où ils furent toujours reconnus comme nobles d'extraction et de race.

I. Noble Jean DE SENIGON, Ier du nom, écuyer, né vers le milieu du XVIe siècle, vivant en 1580, laissa de son mariage avec demoiselle Anne DE LA SAVETTE :

1º Barthélemy, dont l'article suit;

2º Izaac de Senigon, écuyer, seigneur du Pazier, demeurant au village de Gadias, paroisse de Villeneuve, juridiction de Péchagut.

II. Noble Barthélemy DE SENIGON, écuyer, habitant de la ville de Puyguilhem, consentit avec son frère une vente d'immeubles, le 15 juin 1645, à M. Yves de Goujon. Il épousa, dans l'Église prétendue réformée, suivant contrat prouvant filiation, passé le 16 décembre 1651, Louise DE GUÉRIN, damoiselle, fille de Pierre de Guérin, écuyer, sieur de Leyterie, demeurant au lieu de Villeréal, en Agenois, et de Marthe de Chaudet. A l'époque de ce contrat, Barthélemy de Senigon professait la religion protestante et habitait au lieu de Garderas, paroisse et juridiction de Mazerac. Il laissa de sondit mariage :

1º Izaac, dont l'article suit;

2º Noble Étienne de Senigon, écuyer, sieur de Fontaignane, lieutenant au régiment de Picardie en 1672, vivant en 1674; il mourut sans alliance.

III. Noble Izaac DE SENIGON, écuyer, seigneur de Roumefort, du Cluzeau et de Fontaignane, épousa, par contrat passé au repaire du Cluzeau, paroisse de Montmarvès, juridiction d'Issigeac, en Périgord, le 51 juillet 1674, noble damoiselle Isabeau DE ROUSSET, dame du Cluzeau, paroisse de Montmarvès, fille unique de

Jacques de Rousset, écuyer, seigneur dudit lieu du Cluzeau, et d'Isabeau de Saubat, sa deuxième femme. Dans cet acte sont mentionnés noble Jean de Senigon, écuyer, sieur de Lestang, capitaine d'infanterie, et noble Jean de Senigon, écuyer, sieur de Thenac. La célébration du mariage eut lieu en l'Église prétendue réformée. Izaac de Senigon, demeurant à Fontaignane, paroisse de Puyguilhem, passa une transaction et régla certains comptes de famille, par acte signé le 24 février 1688, devant Larmandie, notaire, avec Marie de Lalyman, demoiselle, veuve de noble Jean de Senigon, écuyer, sieur de Lestang, demeurant à Puyguilhem. Il fit partie du ban et arrièreban, comme le constate un certificat du marquis de Montferrand, grand sénéchal et commandant de la noblesse de Guienne, daté de Bazas le 22 mai 1695, constatant que ce même jour M. de Senigon, de la sénéchaussée de Bergerac, s'est trouvé à la revue faite à Bazas, lieu d'assemblée de la noblesse, en bon état de servir. De sondit mariage provinrent :

1º Étienne, dont l'article suit;
2º Louise de Senigon, veuve sans enfants, en 1743, de noble Simon de Luns, écuyer, sieur du Caufour, demeurant en la paroisse de Thenac, juridiction de Puyguilhem, élection de Sarlat, en Périgord. Elle fut assignée à faire ses preuves de noblesse devant l'intendant de Guienne, lors de la recherche de 1696, et obtint une maintenue *(arch. de Bordeaux.)*

IV. Noble Étienne DE SENIGON DE ROUSSET DE ROUMEFORT DU CLUZEAU, écuyer, seigneur du Cluzeau en la paroisse de Montmarvès, de Roumefort, et du Cluzeau en la paroisse de Proissans, chevalier de l'Ordre royal et militaire de Saint-Louis, fut baptisé dans l'église P. R. de Sigoulès, juridiction de Puyguilhem, le 7 décembre 1678. Il entra au service en 1695, comme cadet, dans les compagnies de gentilshommes des citadelles de Cambray et de Tournay, ainsi que le constatent deux certificats de service en date des 19 et 25 juin 1695. Étienne de Senigon, parvenu au grade d'aide-major dans le second bataillon du régiment de Périgord, obtint, en cette qualité, un nouveau certificat de service, qui lui fut délivré le 15 novembre 1701, par M. de La Bruyère, commandant au gouvernement de Maubeuge. Il fut commissionné capitaine le 7 mars 1707 (*brevet signé* LOUIS, *et, plus bas,* DE CHAMILLARD). En 1708, il remplissait les fonctions de major de brigade à la défense de Lille, où il se distingua et fut blessé. Le 18 septembre 1710, MM. de Charnacé et de Ravignan lui délivrèrent une attestation énonçant qu'en considération des services d'Étienne de Senigon, Sa Majesté lui avait donné une compagnie détachée dans le régiment de Picardie. Une nouvelle attestation du 51 octobre 1715, signée de M. de Ravignan, maréchal de camp et inspecteur général d'infanterie, constate les services du seigneur de Roumefort.

Du 19 au 22 avril 1717, Étienne de Senigon rendit hommage du repaire de La Roussie, appelé aussi du Cluzeau, à madame la duchesse de Roquelaure, comtesse de Montfort, en Sarladois. Le 2 juin 1720, un certificat signé de M. Boctet, chirurgien des troupes à Montreuil, lui fut délivré pour constater les infirmités qu'il avait contractées au service, et, à la même époque, un ordre du Roi le retira de Montreuil et l'envoya dans la garnison de Blaye. Le 25 février 1724, Sa Majesté lui écrivit de Versailles une lettre (*contresignée* DE BRETEUIL) pour lui mander « qu'en considération » des services qu'il avait rendus au feu Roi, son très-honoré seigneur et bisaïeul de » glorieuse mémoire, et de ceux qu'il avait depuis continué à lui rendre à elle-même, » elle l'avait associé à l'Ordre royal et militaire de Saint-Louis, et qu'elle avait chargé » le duc de Duras de le recevoir et admettre en cette dignité, attendu que l'éloigne- » ment de M. de Roumefort ne lui permettait pas de faire le voyage qui serait » nécessaire pour être reçu par Elle audit Ordre. » Le 12 octobre 1729, se qualifiant chevalier de Saint-Louis, seigneur du noble repaire du Cluzeau, et capitaine réformé, Étienne de Senigon présenta requête à Monseigneur l'évêque de Sarlat pour qu'il lui fût permis de faire réintégrer son banc et sa sépulture dans l'église paroissiale de Proissans, sur les considérations que ses auteurs avant d'embrasser le protestantisme avaient joui de ce droit, et qu'il était le premier de sa famille qui fût rentré dans le giron de l'Église catholique ; une ordonnance épiscopale lui fut octroyée en confor- mité de sa requête. Il acquit deux pièces de terre, le 15 août 1751, de noble Barthé- lemy du Cheylard, écuyer, et mourut dans le diocèse de Sarlat, en la paroisse de Proissans, le 5 janvier 1752. Son testament, dans lequel il nomme ses sept enfants survivants, fut ouvert le 24 décembre 1754.

Par son testament olographe du 4 juillet 1712, Pierre de Rousset, écuyer, sieur du Cluzeau, dernier de sa famille, avait laissé à son neveu, Étienne de Senigon de Roumefort, sa maison, terre et seigneurie du Cluzeau, dans le comté de Montfort, en Sarladois, à la charge de porter son nom et ses armes. Héritier de son oncle en 1715, M. de Roumefort obtint, au mois de septembre 1720, des lettres du grand sceau dans lesquelles il est qualifié écuyer, capitaine au régiment de Picardie. Ces lettres, dans lesquelles Sa Majesté témoigne hautement sa satisfaction des services militaires de M. de Roumefort et loue la valeur qu'il a particulièrement montrée à la défense de Lille, lui permettent de porter pour armes : *d'or, à 3 bandes de sinople* (DE ROUSSET), et d'ajouter à son nom celui DE ROUSSET DU CLUZEAU.

Étienne de Senigon de Roumefort avait épousé, par contrat passé le 22 mai 1717, devant La Faurie, notaire à Martel, en Quercy (mariage célébré dans l'Église catho- lique, apostolique et romaine), damoiselle Gabrielle DU CHEYLARD, fille naturelle et légitime de feu noble Antoine du Cheylard, écuyer, seigneur du Barthas, et de dame Magdeleine de Gozon d'Ayx, descendante de la famille de Dieudonné de Gozon, grand maître de l'Ordre de Saint-Jean de Jérusalem en 1456. De ce mariage provinrent dix enfants, savoir :

1° Noble, messire Jean I de Senigon de Rousset de Roumefort du Cluzeau, né le 27 juillet 1720, écuyer, seigneur du repaire noble du Cluzeau, y habitant, ancien lieutenant au régiment de Bourbonnois, est nommé, avec ses frères, dans les lettres-patentes du 8 juin 1758, qui leur permettent de poursuivre l'enregistrement des lettres obtenues par leur père en septembre 1720. Les unes et les autres furent enregistrées au Parlement de Bordeaux, le 21 mars 1759. Dès le 21 juillet 1741, une ordonnance de M. Boucher, intendant de Guienne, avait fait défense aux collecteurs de la paroisse de Proissans, attendu la qualité de noble et d'écuyer de messire Jean de Senigon, de le comprendre dans leurs rôles des tailles. Cette ordonnance fut remise au secrétariat de M. le Procureur Général de la Cour des Aydes de Bordeaux le 28 mai 1743, et retirée, de son consentement, le 22 mars 1744. Jean de Senigon, ses trois frères et leurs sœurs transigèrent, le 5 mai 1752, avec messire Barthélemy du Cheylard. Le 10 avril 1756, le sieur de Roumefort reçut du sieur Brugues, receveur des tailles de l'Élection de Sarlat, deux quittances de son vingtième noble. Le 18 août 1758, M. de La Baume-Forsat, lieutenant des maréchaux de France, lui écrivit une lettre en lui envoyant copie de celle de M. le maréchal de Richelieu, qui lui ordonnait de convoquer les jeunes gentilshommes de son canton, à l'effet de s'opposer aux entreprises des Anglais sur les côtes de Guienne. Il existe dans les archives de la famille un certificat de plusieurs gentilshommes du Sarladois, daté du 12 avril 1761 et délivré à l'occasion des recherches de la noblesse ordonnées par la Cour des Aydes, constatant que la famille de Senigon de Rousset, établie depuis très-longtemps dans la province, et de laquelle sont issus les quatre frères de Senigon de Rousset, a toujours été regardée comme noble d'ancienneté ; qu'elle a fait des alliances très-honorables, et a été employée pour les impositions dans le rôle de la Noblesse *(Orig. signé* PAULIAC, CAMPAGNAC, LA BARTHE, VASSAL, D'ABZAC DE LA SERRE, DU BARRY, GONET, *et légalisé le même jour, au château du Claux, par messire* LOUIS D'ANGLARS, *écuyer, chevalier, seigneur du Claux, chevalier de l'Ordre militaire de Saint-Louis, ci-devant capitaine au régiment de Bourbonnois, lieutenant de Nosseigneurs les Maréchaux de France en la sénéchaussée de Sarlat, en Périgord).*

Jean de Senigon avait été nommé lieutenant au régiment de Bourbonnois, par commission du 4 novembre 1744. Le 23 juin suivant, il fut blessé à l'œil gauche, à l'attaque du chemin couvert d'Ypres, en Flandre, en faisant le service aux grenadiers, puis d'un coup de feu à la jambe gauche, à l'attaque des retranchements de l'Assiette, en Piémont, le 9 juillet 1747 *(certificat du 10 décembre 1747, délivré par le sieur* BAGEST, *chirurgien-major du régiment de Bourbonnois).*

Jean de Senigon n'a pas laissé de postérité de son mariage, contracté le 11 mai 1764, avec demoiselle Catherine DE CUGNAC DE GIVERZAC, fille de messire Jean-Louis, marquis de Cugnac de Giverzac, seigneur de Peyrille, et de dame Marie-Souveraine du Faure de Rouffilhac et sœur d'Emmanuel de Cugnac, sacré évêque de Lectoure le 7 septembre 1772, député à l'Assemblée générale du clergé de France en 1788, mort en 1800.

2° Jean-Louis, qui a continué la descendance ;

3° Jean-Bertrand de Senigon de Rousset de Roumefort du Cluzeau, né le 4 juillet 1723, décédé cinq jours après ;

4° Jean-Pierre-Médard-Alexandre de Senigon de Rousset de Roumefort du Cluzeau, né le 8 juin 1726, lieutenant de dragons au régiment de Thianges, puis capitaine de dragons au régiment de Belzunce, chevalier de l'Ordre royal et militaire de Saint-Louis, mort sans alliance ;

5° François de Senigon de Rousset de Roumefort du Cluzeau, né le 20 octobre 1727, lieutenant de dragons au régiment de Thianges (autrefois de Chapt), puis capitaine de dragons au régiment de Belzunce, chevalier de l'Ordre royal et militaire de Saint-Louis, émigra, ainsi que M. de Roumefort, son neveu. Il épousa en Picardie, en 1773, Mademoiselle N... DE CAMBRONNE, dont il eut une fille unique :

N... de Senigon de Rousset de Roumefort du Cluzeau.

6° Jean II de Senigon de Rousset de Roumefort du Cluzeau, né le 7 février 1729, mort dix jours après;

7° Noble demoiselle Marie-Magdeleine I de Senigon de Rousset de Roumefort du Cluzeau, demoiselle du Cluzeau, née le 26 juillet 1718, supérieure de la communauté de Notre-Dame à Sarlat;

8° Marie-Louise de Senigon de Rousset de Roumefort du Cluzeau, née le 13 juillet 1719, morte à un an;

9° Noble Marie-Magdeleine II de Senigon de Rousset de Roumefort du Cluzeau, née le 2 juillet 1724, religieuse à Notre-Dame de Sarlat;

10° Noble Anne de Senigon de Rousset de Roumefort du Cluzeau, née le 28 mai 1730, religieuse à Notre-Dame de Sarlat.

V. Messire, noble Jean-Louis DE SENIGON DE ROUSSET DE ROUMEFORT DU CLUZEAU, écuyer, seigneur de Roumefort, né le 5 juillet 1722, fut nommé maire de la ville et communauté de Tonneins, par lettres patentes du roi Louis XVI, en date du 22 février 1775, renouvelées au mois de septembre 1784.

Suivant acte authentique du 22 juillet 1768, il avait échangé ses propriétés du Périgord contre partie de celles en Agenois de messire Jean-Marie de Larralde, écuyer, sieur de Larrard, seigneur du marquisat de Puyguilhem. Arrêté et incarcéré, en 1795, comme parent d'émigrés, de même que son frère Médard de Senigon, M. de Roumefort n'échappa que miraculeusement à la mort. Il a laissé de son mariage, contracté le 7 mai 1754, avec demoiselle Marie-Sabine D'AMELIN DE BEAUREPAIRE, fille de feu noble Florent d'Amelin de Beaurepaire, chevalier de Saint-Louis, capitaine de dragons au régiment de La Suze, lieutenant de Nosseigneurs les maréchaux de France, et de dame Marguérite de Monicart :

1° François, dont l'article suit;

2° Louise-Magdeleine de Senigon de Rousset de Roumefort du Cluzeau, mariée à N... de Bodin de Saint-Laurent, officier supérieur d'infanterie, décédée sans enfants;

3° Marguerite-Charlotte de Senigon de Rousset de Roumefort du Cluzeau, mariée avec Henry-Sylvestre de Comeau, dont :

Gustave de Comeau, ⎫ qui continuent à Nancy cette noble et ancienne famille, d'ori-
Amédée de Comeau, ⎭ gine bourguignonne.

4° Isabeau-Charles-Marguerite de Senigon de Rousset de Roumefort du Cluzeau, née, ainsi que les précédents, sur la terre de Fontaignane, en Périgord.

VI. Messire François, comte DE SENIGON DE ROUSSET DE ROUMEFORT DU CLUZEAU, chevalier, seigneur de Roumefort et du Cluzeau, capitaine au régiment Dauphin-Infanterie, servit dans ce corps pendant vingt années, émigra le 9 juillet 1791, après avoir refusé le serment, à la tête de sa troupe, et résida dans les villes d'Ath et de Nivelle jusqu'au rassemblement de l'armée des Princes. En qualité de chef de section, il fit la campagne de 1792, dans la compagnie Dauphin, qu'il quitta lors du licenciement de l'armée des Princes, frères du Roi, en 1795. A la suite de cette campagne, il reçut de la part de LL AA. RR. les marques les plus flatteuses de l'appréciation qu'elles avaient su faire de son dévouement à leur cause *(certificat signé du* marquis DE LA SUZE, *maréchal des camps et armées de Sa Majesté très-chrétienne et comman- dant la compagnie des officiers du régiment Dauphin Infanterie, dans l'armée des Princes, en 1792,* — Bois-le-Duc, 4 janvier 1795. — *Certificat de* Louis-Stanislas- Xavier DE FRANCE *et* Charles-Philippe DE FRANCE, fils de France, frères du Roi, *donné à Hamm, en Westphalie, le 15 janvier 1793, constatant que le sieur de Roumefort, gentilhomme français, capitaine au régiment Dauphin-Infanterie, a donné pendant la Révolution des preuves éclatantes de sa fidélité envers le Roi, leur frère, et de son attachement aux bons principes; qu'il a fait sous leurs ordres la campagne de 1792, et qu'il s'y est conduit avec tout le zèle et l'honneur que l'on doit attendre d'un officier français dévoué à la cause de l'Autel et du Trône).*

M. de Roumefort mourut à La Jamaïque en 1794. Ainsi que Jean de Senigon de Rousset, il avait été convoqué, le 12 mars 1789, à l'Assemblée générale de la Noblesse de la sénéchaussée d'Agen. Il avait épousé, par contrat passé le 27 juillet 1786, dame Geneviève-Aimée FOURNIER DE L'HERMITAGE, d'une famille créole de Saint-Domingue, veuve de messire Jacques de Lard de Campaignol, chevalier de l'Ordre royal et militaire de Saint-Louis, major au régiment d'Enghien, et fille d'Antoine Fournier de L'Hermitage, chevalier de Saint-Louis, commandant de bataillon dans les milices de Saint-Domingue, et de feue dame Gillette Richard. Dans ce contrat, le futur époux est assisté de sa famille et de sa cousine germaine dame Marguerite-Charlotte d'Amelin de Rochemaurin de Beaurepaire, épouse de messire Hugues-Josué, comte de Thémines. De ce mariage sont issus :

1o Antoine-Jean-Louis-Adolphe-Joseph de Senigon de Rousset de Roumefort du Cluzeau. Rentré en France avec son frère en 1802, il fut exempté, ainsi que lui, de la conscrip- tion par le premier Consul, comme possesseurs d'immeubles à Saint-Domingue. Mais cette faveur n'empêcha pas l'aîné, entraîné par un goût héréditaire dans sa famille pour la carrière des armes, de s'engager comme volontaire dans les armées de l'Em- pire. Il mourut sans alliance en 1812, à la suite des fatigues occasionnées par les diverses campagnes auxquelles il avait participé.

2o Jean-Gustave-François, qui a continué la descendance.

VII. Jean-Gustave-François, comte DE SENIGON DE ROUSSET DE ROUMEFORT DU CLUZEAU, chevalier, né à Tonneins le 4 juin 1794, fut attaché à la suite de Monsieur, frère du Roi, en qualité d'officier, avant l'abdication de Napoléon. Après l'abdication de l'Empereur, il suivit de près S. A. R. à Paris, étant chargé par le comte Roger de Damas, gouverneur de la Lorraine, de l'Alsace et des Trois-Évêchés, d'une mission particulière pour les ministres de la Guerre et de l'Intérieur du Gouvernement Provi- soire *(certificat du* Gal Cte F. DES CARS, *du 29 mars 1814; Passeport du lieutenant général de police de la ville de Nancy, no 213, en blanc, délivré par provision à M. Gustave de Roumefort, le 8 avril 1814, pour qu'il soit à chaque instant aux ordres du Prince dans les missions qu'il donnait journellement aux officiers de son entourage ; Passeport du Cte Roger DE DAMAS, du 26 avril 1814).*

M. le comte de Roumefort entra dans les gardes du corps du Roi dès la création de sa maison militaire, et fut reçu dans la compagnie du duc de Gramont le 15 juin 1814. En 1815, il suivit, avec la maison militaire du Roi, LL. AA. RR. Monsieur et Monseigneur le duc de Berry dans leur retraite ; il fit partie des détachements chargés de la garde de Béthune, où ils furent licenciés par leurs chefs ; retourna dans la compagnie de Gramont après les Cent-Jours, et y servit avec zèle, honneur et distinction jusqu'au 21 décembre 1817, époque à laquelle, en vue de son prochain mariage, il donna sa démission de Garde du Corps *(certificat signé : Le Duc DE GRAMONT, délivré à Paris le 18 février 1818 ; Lettre de M. le Cte DE PELLAN, en date du 20 février 1818, et Lettre collective des membres du Conseil général de police intérieure des gardes du corps du Roi, compagnie de Gramont, en date du 3 mai 1818, témoignant à M. de Roumefort les regrets et l'estime de ses chefs et de ses camarades).*

M. le comte de Roumefort, chef actuel de sa famille, a épousé en Saintonge, suivant contrat du 27 septembre 1819, mademoiselle Marie-Antoinette-Delphine DE GOULLARD, fille unique de Louis-Antoine, marquis de Goullard, chevalier, baron de Rocheraut, seigneur de La Ferté, Roullet, La Mothe d'Anville, Laléard, etc., et de sa seconde femme dame Marie-Anne-Françoise de Bourdeille. Au mariage civil et religieux, M. le comte de Roumefort a été assisté de mademoiselle de Roumefort du Cluzeau, sa tante ; de la comtesse de Thémines, sa tante à la mode de Bretagne, la même qui figurait au mariage de son père ; du vicomte de Lauzières de Thémines, et de plusieurs membres de la famille de La Rochejacquelein, ses amis ; — mademoiselle de Goullard était assistée du comte de Bourdeille, son grand'père ; de mesdemoiselles de Bourdeille, ses tantes, et de M. de Goullard d'Arsay (branche du Poitou), son cousin. De cette union sont provenus :

1° Jean-Jacques-Gustave-Louis-Amédée de Senigon de Rousset de Roumefort du Cluzeau, mort à l'âge de 13 ans ;

2° Henry-Louis-Charles-Marie, comte de Senigon de Rousset de Roumefort du Cluzeau, marié, le 26 novembre 1849, à mademoiselle Louise-Marie DE FAGET DE QUENNEFER, fille de noble Zénon de Faget de Quennefer, ancien gentilhomme ordinaire de la chambre du roi Charles X, chevalier de l'Ordre du roi Charles III d'Espagne, et de demoiselle Agathe-Coraly de Mellet de Bonas. De ce mariage :

    A. Noble Antoine-Marie-Hélion de Senigon de Rousset de Roumefort du Cluzeau, né à Paris en 1857 ;

    B. Marie-Yolande de Senigon de Rousset de Roumefort du Cluzeau, née à Saintes ;

3° Pierre-Joseph-Marie-Lodoïs, vicomte de Senigon de Rousset de Roumefort du Cluzeau, marié, suivant contrat du 1er février 1855, à mademoiselle Marie-Caroline-Amélie DU PUY, fille mineure de M. Louis-Jules-Armand du Puy, et de madame Marie-Anne-Félicité Robert de Lézardière. De ce mariage :

    Noble Marie-Gustave-Maurice de Senigon de Rousset de Roumefort du Cluzeau, né à Cognac le 5 mars 1856.

DE BROCAS DE LA NAUZE,

NOBLES, MESSIRES, ÉCUYERS, CHEVALIERS, SEIGNEURS et sieurs DE TAMPOUY, SAINT-VIDOU, SAUROS, MONTPOUILLAN, LE FREICHE, LA NAUZE, LAS GRÉZÈRES, LA MOTHE, VILLA, MAUBERT, THIBAUT, LA ROQUETTE, LA FLOTTE, CARNINE, LE PUCH, LA SERRE, SAUMÉJAN, LA CROZE, etc.; — *en Condomois, Bazadois, Agenois, sénéchaussées de Condom, Bazas et Casteljaloux.*

———

ARMES : *Parti, au 1ᵉʳ du parti, écartelé, aux 1 et 4, d'azur, à la bande d'argent, chargée de 3 étoiles de gueules; aux 2 et 3, d'argent, au chevron de gueules, entrelacé dans un croissant de sinople; au 2 du parti, d'argent, à 3 fasces de gueules, au lion d'or brochant.* Couronne de marquis; écu posé sur un cartouche.

———

La famille de Brocas est noble d'ancienne extraction. Depuis qu'elle est connue par titres, c'est-à-dire depuis plus de cinq cents ans, ses membres, la plupart militaires, n'ont cessé de rendre à leur patrie et à leur souverain des services signalés. Les alliances de cette maison sont des plus honorables et contractées généralement avec des familles d'ancienne noblesse. Enfin, sa généalogie se prouve par titres suivis et réguliers qui nous ont été communiqués à partir de 1495, et sur lesquels ont été basées les diverses maintenues de noblesse rendues en faveur des différentes branches de cette famille dans le XVIIIᵉ siècle. Antérieurement, le nom DE BROCAS se retrouve dans chaque page de l'histoire de Guienne. Il est surtout fréquemment mentionné dans le *Catalogue des Rôles gascons*, publié par Thomas CARTE, et dont nous citerons ci-après des extraits.

Avant de commencer la généalogie suivie de cette famille, il est à propos d'observer que son nom s'est écrit indifféremment DE BROQUAS, DE BROCQUAS, DU BROCAS, DE BROCA, et enfin DE BROCAS, orthographe adoptée et fixée depuis longtemps.

La terre de Brocas, dont elle paraît avoir pris son nom, est située dans l'ancienne juridiction de Labrit (Albret), sénéchaussée de Mont-de-Marsan, et renferme une population d'environ 900 habitants.

Jean DE BROCAS obtint du roi d'Angleterre, Édouard II, le 28 juillet 1517-1518, la concession de la maison de *Bresonoria*, avec ses appartenances, par lettres données à Notyngham *(Rôles gascons, t. I, p. 51).*

Jean DE BROCAS, chevalier, obtint, par lettres du même prince, données à Westminster le 17 mai 1555, la concession des terres et redevances que Roger de Gavarret et autres avaient possédées dans le duché d'Aquitaine *(ibid., t. I, p. 129)*. Dans des lettres datées de Westminster le 22 octobre 1555, il est nommé au nombre des chevaliers qui obtinrent du roi Édouard III sauvegarde et protection pour passer en Angleterre sur les vaisseaux anglais *(t. II, p. 59)*. Il lui fut alloué une somme annuelle de quarante marcs, par lettres données à Westminster le 18 août 1560, signées de Thomas, connétable d'Angleterre, fils du Roi, gouverneur de la Grande Bretagne, duc de Glocester et comte de Buckingham *(t. I, p. 147)*.

Bernard DE BROCAS, chevalier, est porté sur deux listes des années 1555 et 1556, au nombre des chevaliers qui devaient partir pour le pays d'Outremer, et avaient reçu à cet effet des lettres de sauvegarde *(t. II, p. 58 et 60)*. Il obtint une nouvelle sauvegarde en 1561 pour aller dans le pays de Normandie *(t. II, p. 82)*. Bernard de Brocas joua un rôle important dans les affaires militaires et diplomatiques de son époque. Par lettres de Richard II, roi d'Angleterre, données à Westminster le 12 juillet 1577-1578, il fut nommé capitaine du château de Calais *(t. II, p. 124)*; invité le 1er mai 1578 à faire montre d'hommes d'armes et d'archers *(t. II, p. 125)*; reçut pouvoir du Roi d'Angleterre, le 24 juin 1579, de traiter la continuation de l'alliance établie entre le défunt Édouard, roi d'Angleterre, et Louis, comte de Flandre *(t. II, p. 126)*; puis, le 20 janvier 1579 *(v. st.)*, l'autorisation de traiter avec les commissaires du même comte *(t. II, p. 128)*. Le 12 juillet 1580, Bernard de Brocas fut chargé de régler la rançon de Walerand, comte de Saint-Paul *(t. II, p. 129)*; fut nommé gouverneur du château de Sandgate, par lettres royaux données à Eltham le 11 janvier 1585-1584 *(t. II, p. 145)*, et les 14 et 20 mai 1587-1588, fut invité à faire montre de ses hommes d'armes et archers devant Thomas de Percy *(t. II, p. 158)*.

Jean DE BROCAS, écuyer, reçut de Henry IV, roi d'Angleterre, par lettres données à Westminster le 27 juillet 1404-1405, une gratification de 10 livres qui devaient lui être payées annuellement *(ibid.)*.

Ramond-Arnaud DE BROCAS, homme d'armes à cheval, fit montre, sous la charge du comte de Foix, en 1576 (MONLEZUN, *Hist. de Gascogne, t. VI, p. 191; Trésor des chartes du château de Pau*).

Guillaume DE BROCAS fonda en 1461 une chapelle dans l'église de Saint-Seurin de Rions (CIROT, *Hist. de la Gr. Sauve, t. II, p. 278*).

Arnaud DE BROCAS est compris parmi les hommes d'armes et archers qui ont paru à la revue faite à Nantes, le 15 avril 1491, par le sire d'Albret (MONLEZUN, *Hist. de Gasc., t. IV, p. 452*).

I. Noble Guilhem DE BROCAS, l'un des chevau-légers de la garde du roi Charles VIII, obtint du seigneur de Genouillac, commandant de ce corps, le 20 novembre 1495, un passeport ou congé de quatre mois *(orig. en pap.)*. Il eut pour fils :

II. Noble Arnaud DE BROCAS, habitant du lieu de Figuès, juridiction de Bouglon, en Bazadois, fut marié : 1° par contrat passé le 5 mars 1515 *(v. st.)*, du vouloir et consentement de son père, avec demoiselle Marie DE BOUFFON, de la ville de Castel-jaloux, en Bazadois *(cop. en parch.)*; 2° par contrat passé dans la ville de Marmande, le pénultième du mois de mai 1528, avec demoiselle Agnette DE FRANCE, de la ville de Marmande, assistée et autorisée de sa mère Françoise Landeron, damoiselle, qui lui constitua 2,000 fr. bourdelois, et promit de l'habiller suivant sa condition et qualité *(cop. en parch.)*. Arnaud de Brocas, mort avant le 14 février 1566 *(v. st.)*, laissa quatre fils, savoir :

> 1° Noble Bernard de Brocas, tué en 1577 au combat de Malvirade, près Marmande, livré par les Réformés de Casteljaloux, commandés par le sieur de La Vachonnière, gouverneur de cette ville. D'Aubigné, qui était à cette époque le lieutenant de La Vachonnière, donne, dans ses *Mémoires*, de grands détails sur ce combat : après avoir dit que l'engagement fut des plus opiniâtres, il ajoute que « l'aîné Brocas et un d'Esguilhon se coupèrent la gorge avec des poignards. » Le gouverneur de La Vachonnière y périt, et son lieutenant d'Aubigné y fut grièvement blessé. Bernard de Brocas habitait à Esquerdes ; il se maria et eut cinq enfants, savoir :
>
> A. Arnaud de Brocas ;
> B. Jean de Brocas ;
> C. Abel de Brocas ;
> D. Pierre de Brocas ;
> E. Jacques de Brocas, père de :
>
>   Louis de Brocas.
>
> 2° Noble Augier de Brocas, mort sans postérité ;
> 3° Colin, qui a continué la descendance ;
> 4° Noble Étienne de Brocas, décédé sans postérité.

III. Noble Colin DE BROCAS, capitaine d'une compagnie de cavalerie franche *(enquête)* habitant de Figuès, fit avec ses frères le partage des biens de leur père, décédé, par acte du 14 février 1566 *(v. st.)*, passé dans la paroisse de Figuès, au duché d'Albret. Ces biens consistaient en maisons, terres labourables, vignes, prés, bois et landes; ils étaient situés dans les paroisses de Figuès, Saint-Loubert, Esquerdes, Bachac, Ruffiac, Cours, La Couture, Romestaing, Masseilles, Lavasan et Marions *(cop. en parch.)*. Colin de Brocas épousa : 1° par contrat passé le 14 janvier 1549 *(v. st.)*, devant du Bourdieu, notaire à Figuès, et du consentement de sa mère, Marie DU PUY, demoiselle, sœur assistée de Mᵉ Jean du Puy *(cop. en parch.)*, morte sans enfants; 2° par contrat passé le 9 décembre 1577, devant Dupeyron, notaire de la ville de Sainte-Bazeilhe, au duché d'Albret, Anne DE NOGUÈRES, demoiselle, fille de Mʳ Mᵉ Raymond de Noguères, juge ordinaire de la ville de Sainte-Bazeilhe, qui promit de donner à la future 4,000 livres tournoises *(cop. en pap.)*. Cet acte fut passé en présence de Gabriel de Laban, écuyer, capitaine, et Pierre de Lançon. Anne de Noguères était sœur de Jeanne de Noguères, mariée à noble Pierre de Bacoue, écuyer.

Dès le mois de mars 1574, Antoine de La Tour, seigneur de Reyniès, vicomte de Villemur, commandant de Casteljaloux et autres villes et lieux pour le service du Roi, avait commis et député le capitaine Colin de Brocas pour commander au château de Cours (ancienne commanderie de l'Ordre de Malte située dans les environs de Grignols). Le 25 juin 1574, le même capitaine de Brocas fut confirmé dans ce commandement par ledit seigneur de Reyniès. Il reçut, le 2 juillet 1574, du seigneur de Savailhan, un ordre d'état pour la garde du même château de Cours, portant désignation des vingt-quatre paroisses du Bazadois où il devait lever les troupes nécessaires pour entretenir la garnison dudit château. Le capitaine de Brocas avait sous ses ordres six hommes d'armes, à la solde chacun de 25 livres par mois; douze arquebusiers à cheval, à la solde chacun de 15 livres par mois, et douze arquebusiers à pied, à la solde de 10 livres; enfin, il lui fut accordé à lui-même, pour son état et solde, 60 livres par mois.

Le 5 septembre 1574, le château de Cours fut assiégé par le seigneur de La Valette, lieutenant pour le Roi en Guienne. Colin de Brocas, désespérant de pouvoir tenir contre l'artillerie des assiégeants, fit une capitulation des plus honorables. Il fut stipulé que les troupes composant la garnison auraient la vie sauve, quitteraient le château en armes et avec leurs chevaux, et obtiendraient sauvegarde pour toute la journée.

Henry, roi de Navarre (IVᵉ du nom, roi de France), écrivit au capitaine Colin de Brocas les lettres missives suivantes, qui se trouvent inscrites dans le 1ᵉʳ volume du *Recueil des lettres missives de Henry IV,* publié par M. BERGER DE XIVREY, et dont la famille de Brocas conserve encore les originaux.

1577. — 22 février.

« *Au Capitaine Brocas.*

» Capitaine Brocas, j'envoye le sieur de La Vachonnière en ma ville de Casteljaloux pour y
» commander, luy ayant donné charge de vous faire entendre ma volonté. Ne faictes faulte de
» faire ce qu'il vous dira et commandera de ma part; et me remettant sur le sieur de La
» Vachonnière, je ne vous feray plus longue lettre que pour prier le Createur vous avoir,
» capitaine Brocas, en sa saincte et digne garde.

» Escript à Agen, le xxijᵉ febrier 1577. » HENRY. »

1581. — 3 janvier.

« *A Monsieur de Brocas, ou à celuy qui commandera en son absence à Cours.*

» Vous qui commanderés à Cours en l'absence du sʳ de Brocas, ne faictes faulte de mettre
» en liberté Bernard ..... que vous detenés prisonnier et avés pris, sans luy faire payer aulcune

» rançon, ny luy faire aulcun tort ny déplaisir. Et vous gardés bien doresnavant de prendre
» aulcun prisonnier ny user d'aulcune exaction, sur tant que vous craignés d'en estre repris
» et puny comme desobeissant, s'il en vient aulcune plaincte ; priant sur ce le Createur vous
» avoir en sa saincte et digne garde.

» De Coutras, ce iij^e janvier 1581.

(De la main du Roi)   » Vostre bon amy
» HENRY. »

1583. — 17 juillet.

« *Au Capitaine Brocas.*

» Capitaine Brocas, incontinent la présente receue, ne faictes faulte d'assembler le plus
» grand nombre de soldats qu'il vous sera possible, tant du lieu de Figueys que des lieux
» circonvoisins d'aultant que j'en ay affaire pour chose important mon service, ainsy que j'ay
» commandé aux capitaines Dominges et Castaing vous faire entendre de ma part, lesquels
» vous croirés comme moy mesme. Vous les tiendrés prestz pour me venir trouver lorsque
» je vous manderay. A quoy m'asseurant que ne ferés faulte, je prieray Dieu vous avoir,
» capitaine Brocas, en sa saincte et digne garde.

» De Bazas, ce xvij^e juillet 1583.

(De la main du Roi)   » Vostre bon amy
» HENRY. »

Colin de Brocas eut l'honneur de recevoir en diverses occasions, et de loger dans sa
maison de Figuès, le roi Henry de Navarre, et principalement dans une circonstance
où ce prince rangea son armée en bataille dans la plaine du Lanot, près la ville de
Casteljaloux. Dans l'itinéraire du Roi de Navarre, publié dans le *Recueil* de M. Berger
de Xivrey *(t. 1, p. 591)*, il est dit que ce monarque alla souper et coucher à *Iguère*,
près Casteljaloux, le 17 février 1586; qu'il y séjourna le lendemain 18, et y dîna le
19. Or, dans les environs de Casteljaloux, le seul nom de la paroisse de Figuès, lieu
d'habitation des Brocas, se rapporte au nom d'*Iguère*, indiqué et défiguré dans l'ouvrage précité. On sait, du reste, que dans la plupart des paroisses de la Gascogne, la
lettre *F* disparaît dans la prononciation et se remplace par une voyelle fortement
accentuée. Des enquêtes authentiques consacrent, en outre, les logements ou séjours
à Figuès de Henry IV, roi de Navarre.

Colin de Brocas fit son testament le 15 octobre 1580; il ne vivait plus en 1592.
Anne de Noguères, sa veuve, fut taxée, le 25 février 1620, à la somme de 10 livres pour
sa part dans le remboursement des frais faits par MM. de Mauvezin et de Montcassin,
lors du voyage qu'ils effectuèrent à Paris, en 1614, comme députés de la noblesse du
duché d'Albret vers les États Généraux. Du second mariage de Colin de Brocas
étaient provenus :

1º Noble Jean de Brocas, écuyer. Agissant au nom de la dame sa mère, il rendit hommage, le 4 avril 1605, par-devant la Chambre des Comptes, au bureau établi pour le
Roi à Nérac, de biens situés à Sainte-Bazeille, et, le 16 mars 1613, de divers biens et

des maisons nobles de Pouchard et du Freiche, juridiction de Sainte-Bazeilhe, au duché d'Albret. Il est l'auteur des seigneurs DE TAMPOUY, DE SAINT-VIDOU et autres lieux. Habitant de Figuès, juridiction de Bouglon, sénéchaussée d'Albret, il épousa, de l'avis et consentement de ses deux frères, Gabriel et Antoine de Brocas, par contrat passé le 1er juillet 1612, dans la ville de La Bastide d'Armagnac, au domicile du sieur Jean du Faur, damoiselle Rose DE VACQUÉ, fille de Jeanne de Parage, damoiselle, remariée audit Jean du Faur. Jean de Brocas fut assisté, dans cet acte, de Mr Me Gabriel d'Augier, avocat du Roi au siége de Casteljaloux, son cousin germain, etc.; — la future, de Mrs Mes Jean de Vacqué, avocat en la Cour de Parlement de Bordeaux; Jacob de Vacqué, sieur de Camedena; Pierre et Barthélemy de Vacqué, sieurs de Juncqua, et Izaac de Vacqué, sieur de Poydesaux, avocat en la Cour de Parlement, ses frères; noble François de Mix, sieur de Pradolère, son beau-frère; Mr Me David de Vacqué, conseiller du Roi, juge de Gabardan, son cousin; noble Jacques de Lucmau, sieur de Classun, son beau-frère; noble Bernard Bordes, sieur de Séridos, son oncle par alliance; Daniel de Malartic, son cousin germain, etc. *(cop. en parch.)*. Dame Rose de Vacqué acquit, le 27 août 1638, moyennant 18,820 livres, la terre et seigneurie de Tampouy, située dans la juridiction de Fréchou, sénéchaussée de Marsan. Elle eut, entre autres enfants, de sondit mariage :

Noble Gabriel de Brocas, écuyer, seigneur de Tampouy, épousa, de l'avis et consentement de sa mère, par contrat passé le 26 novembre 1648, damoiselle Françoise DE MORIN, fille de noble Jean de Morin, écuyer. De cette union provint, entre autres enfants :

Noble, messire Jean-Étienne de Brocas, écuyer, seigneur de Tampouy, cornette au régiment du Breuil (1693), marié, par contrat passé le 22 septembre 1683, avec damoiselle Marie DE BEZOLLES, fille de messire Jean-François de Bezolles, écuyer, seigneur de Cauderoue. Le 4 juillet 1674, son père et lui obtinrent du maréchal d'Albret, gouverneur et lieutenant général pour Sa Majesté en Guienne, un certificat constatant qu'ils servaient sous ses ordres dans la convocation de la Noblesse. Un autre certificat, signé du marquis de Montferrand, commandant de la noblesse de Guienne, atteste que M. de Tampouy, de la sénéchaussée de Marsan, s'est trouvé à la revue faite à Langon, lieu d'assemblée de la Noblesse, les 14 et 27 juillet 1694, en bon état de servir. En vertu de l'édit de 1696, Jean-Étienne de Brocas fit registrer ses armes en l'Armorial Général de France, sénéchaussée de Marsan, le 7 mai 1697 : *d'argent, à 5 fasces de gueules, au lion d'or brochant sur le tout*. — Deux frères du nom de Brocas de Tampouy servaient comme capitaines dans le régiment de Foix en l'année 1706. — Par arrêt des commissaires généraux, rendu à Paris le 15 octobre 1716, Jean-Étienne de Brocas fut maintenu dans son ancienne noblesse d'extraction et qualité d'écuyer, avec jouissance des priviléges, honneurs et exemptions dont jouissaient les autres nobles du Royaume *(copie en parch.)*. Il laissa de sondit mariage :

Messire Jean-Gabriel de Brocas, seigneur de Tampouy, Saint-Vidou et autres lieux, qui, le 19 janvier 1725, donna le dénombrement de sa terre et seigneurie de Tampouy *(Trésor de Pau, p. 215)*. Le 1er décembre 1739, il fit registrer, en la Cour de la sénéchaussée de Marsan, la maintenue de noblesse du 15 octobre 1716. On le trouve porté sur la capitation des gentilshommes de la ville de Bordeaux en 1758.

C'est tout ce que nous savons de cette branche, qui s'est éteinte vers la fin du siècle dernier.

2º Gabriel, qui a continué la descendance;

3º Noble Antoine de Brocas, écuyer, auteur de la branche des seigneurs DE VILLA , DE LA MOTHE, DE MAUBERT, DE THIBAUT, etc., épousa, du consentement de ses père et mère et de l'agrément de ses frères Gabriel et Jean de Brocas, par contrat passé le 3 août 1614, damoiselle Judith DE LA MAZELLIÈRE *(copie en parch.)*. Deux passeports, des 12 mars 1609 et 15 août 1611, prouvent qu'il servait comme soldat dans le régiment des Gardes. Le 2 septembre 1618, Antoine de Brocas, capitaine, intervint dans un contrat de vente passé entre Jean et Arnaud de Brocas. En la même qualité, il obtint du duc du Maine, gouverneur de Guienne et commandant des armées de Sa Majesté, le 17 juillet 1629, une sauvegarde pour sa maison et sa métairie. Antoine de Brocas laissa trois fils de sondit mariage :

A. Noble Bertrand de Brocas, écuyer, sieur de Maubert, partagea avec ses frères Gratien et Alexandre de Brocas les biens de leurs père et mère, décédés, les 3 décembre 1643 et 12 janvier 1660. Par ce dernier acte, ils transigèrent sur le partage qu'ils avaient fait avec leur mère le 6 décembre 1657, et sur les donations qu'ils avaient reçues de ladite dame de La Mazellière. Du consentement de la même dame, sa mère, Bertrand de Brocas épousa, par contrat passé le 15 mai 1649, damoiselle Marthe DE BACOUE, fille de Mr Me N... de Bacoue, conseiller du Roi, lieutenant criminel au siége de Casteljaloux, et de damoiselle Anne de Beraud. Il fut assisté à cet acte de ses frères Gratien et Alexandre de Brocas; noble Jean-Denis de Noailhan, écuyer, seigneur de Villeneuve, son oncle; noble Nicolas de Brocas, écuyer, seigneur de Montpouillan, et noble Joseph de Brocas, écuyer, sieur de La Nauze, ses cousins germains; noble Gabriel Augier, écuyer, sieur de La Tour, etc. De ce mariage est issu :

a. Noble Jean-Denis de Brocas, écuyer, sieur de Maubert, capitaine au régiment de Normandie, en garnison à Saint-Jean-Pied-de-Port, dès le 19 décembre 1703, fut maintenu dans son ancienne noblesse d'extraction et qualité d'écuyer, par arrêt des commissaires généraux, en date du 15 octobre 1716. Il avait épousé, par contrat du 14 février 1684, de l'avis et consentement de sa mère, veuve, damoiselle Marie AUGIER, fille de Pierre Augier et de Marie de Gascq. De ce mariage :

I. Dame Anne de Brocas, épouse de noble André-Gaston de Ferrand, écuyer.

II. (Peut-être aussi) dame Louise de Brocas, épouse de noble Jacques de Gascq, écuyer, sieur de La Salle.

b. Antoinette de Brocas, demoiselle, mariée, par contrat passé le 1er mai 1684, devant Du Fresche, notaire royal, avec Jean de Bessottier, sieur de Rodier, habitant de la paroisse d'Arzac, juridiction du Boscq, en Agenois, fils de Pierre de Bessottier, sieur de Banères, gentilhomme du vol de la grande fauconnerie du Roi, habitant de la ville de Tournon, lequel donna quittance de 4,000 livres, formant la constitution de dot d'Antoinette de Brocas, le 26 mai 1690, à Jean-Denis de Brocas, sieur de Maubert,

B. Noble Gratien de Brocas, écuyer, sieur de La Mothe, capitaine d'une compagnie de 100 hommes d'infanterie, sous les ordres du duc de Candale, par brevet royal du 10 février 1649, reçut, le 1er juin 1650, un passeport des Espagnols, qui l'avaient fait prisonnier. Par ordre du 6 mai 1652, que lui délivra Henry de Lorraine, comte d'Harcourt, Gratien de Brocas et le sieur de Morin, conseiller en la Chambre de l'Édit de Guienne, obtinrent la faveur que leurs biens particuliers, quels qu'ils pussent être, fussent exemptés de contribuer, outre les 40,000 livres déjà imposées pour la subsistance de l'armée, au paiement de la somme de 6,000 livres, destinée à supporter les frais de siége des ville et château de Casteljaloux. Le 2 mai 1653, M. de Marin, lieutenant général des armées de Guienne, sous les ordres du duc de Candale, prescrivit aux consuls et habitants de la vicomté d'Aillas, de recevoir et loger les compagnies des sieurs de La Mothe-Brocas et Villa-Brocas, et de leur fournir les vivres nécessaires pendant dix jours. Gratien de Brocas fut nommé gouverneur du Mas-d'Agenois, le 4 février 1653, par le duc de Candale, qui enjoignit aux troupes, tant de cavalerie que d'infanterie, de lui obéir, et aux habitants de le reconnaître et lui obéir en tout ce qu'il leur commanderait pour le service du Roi. Il reçut du même duc de Candale, le 22 avril 1653, une commission pour commander dans la ville de La Réole, avec même injonction aux troupes de cavalerie et d'infanterie et aux habitants de le reconnaître et lui obéir comme gouverneur. Gratien de Brocas fut marié, par contrat passé le 13 juillet 1643, dans la paroisse de Figuès, devant du Castaing, notaire royal héréditaire, avec damoiselle Anne DU SOLIER, veuve de Mr Me Théodore de Sauvage, avocat en la Cour de Parlément de Bordeaux, habitante de Casteljaloux. A cet acte ont assisté : Gabriel de Brocas, lieutenant général d'Albret; noble Jean-Denis de Noailhan, écuyer, sieur de Villeneuve; noble David de La Mazellière, sieur de Cailheau — oncles du futur; noble Bertrand de Brocas, écuyer, sieur de Maubert, son frère; noble Henry de Vacqué, sieur de Lamon; noble Gabriel de Brocas, sieur de Tampouy; noble Gabriel de Brocas, sieur du Puch; noble Nicolas de Brocas, écuyer; noble Antoine de Brocas, sieur de La Flotte; noble Jean de Brocas, sieur de Hontespleures — ses cousins; etc. Du côté de la future : sa mère, damoiselle Anne de Roussannes; noble Gratian de Roussannes, écuyer, sieur de Liet et de Monnat; Mr Me Pierre du Solier, avocat en la Cour de Parlement de Bordeaux — ses oncles; noble Pierre Le Roux, écuyer, sieur de Laval; Mr Me Pierre de Sauvage, avocat en la Cour — ses cousins; noble Salomon de Marcoux, écuyer, sieur de Lartigue, son frère utérin; etc. Témoins : noble Lancelot de Cazaux, écuyer, habitant du Sendat; noble Pierre de L'Église, sieur de Les Hontines; etc. *(copie en papier).* — Gratien de Brocas n'a pas laissé de postérité.

C. Noble Alexandre de Brocas, écuyer, sieur de Villa et de Thibaut, épousa, de l'avis et consentement de sa mère, de Bertrand et Gratien de Brocas, ses frères, et Gabriel de Brocas, seigneur de Tampouy, son cousin germain et parrain, par contrat en date du 25 mars 1658, damoiselle Anne DE L'ÉGLISE, laquelle, étant veuve, fit, le 2 février 1696, son testament, dans lequel elle nomma ses enfants. Fait prisonnier de guerre, Alexandre de Brocas reçut un passeport, le 1er juin 1650, du gouverneur pour le roi d'Espagne à Castelléon. Il était capitaine dans le régiment de Candale, le 2 mai 1653, époque où M. de Marin, lieutenant général des armées de Sa Majesté, écrivit l'ordre de recevoir la compagnie du sieur de Villa. Enfin, il commandait, le 19 septembre 1657, six compagnies du régiment de Bougy, comme le constate une déclaration à cette date fournie par les consuls de Condom. Il laissa de sondit mariage :

    a. Noble Gabriel de Brocas, qui fut déshérité par sa mère pour être sorti du Royaume contre son gré;

    b. Noble Jean de Brocas, écuyer, sieur de Villa, capitaine au régiment Dauphin, servait avec sa compagnie dans la garnison de Navarreux le 23 décembre 1703, et fut maintenu dans son ancienne noblesse d'extraction et qualité d'écuyer, par jugement des commissaires généraux, à la date du 30 décembre 1717;

c. Antoinette de Brocas,
d. Marie de Brocas,

{ non mariées le 10 juillet 1703, époque où, avec Jean de Brocas, leur frère, elles firent une cession et transport à dame Louise de Brocas, épouse de noble Jacques de Gascq, écuyer, sieur de La Salle.

4° Noble David de Brocas, écuyer, décédé sans postérité;

5° Damoiselle Rachel de Brocas, mariée à noble Jean-Denis de Noailhan, écuyer, seigneur de Villeneuve.

IV. Noble, Mr Mc Gabriel DE BROCAS, écuyer, conseiller du Roi, lieutenant général au siége de Casteljaloux, sénéchaussée d'Albret, par provisions du 21 novembre 1609, épousa, par contrat passé le 25 septembre 1611 *(cop. en parch.)*, de l'avis et consentement de sa mère; de Jean et Antoine de Brocas, ses frères; Jacques de Brocas, son cousin; Mr Mc Jean de Noguères, avocat en la Cour de Parlement de Bordeaux; Pierre de Mogneron, écuyer; M. François de La Borde; Jean de Lançon, écuyer, etc., damoiselle Louise DU CASTAING, fille de feu Mr Mc N... du Castaing, procureur du Roi au siége de Casteljaloux, et de damoiselle Jeanne de Gillet. La future eut en dot 10,000 livres tournoises et fut assistée de sa mère; Pierre du Castaing, capitaine; Jean Buffon; Jean du Sollier; Lancelot de Casaux, écuyer; Nicolas Blanchet; Lucbert du Roy; Jacques de La Ruffie, conseiller secrétaire du Roi; N... du Faur, avocat au Parlement de Bordeaux; Pierre de l'Église; Me Élie Castelnau, etc.

Gabriel de Brocas eut l'honneur de recevoir et loger dans sa maison, située rue de Veyries, à Casteljaloux, en l'année 1621, le roi Louis XIII à son retour du siége de Montauban, et, au mois d'octobre 1632, la reine Marie de Médicis à son retour de Toulouse. Sa femme et lui firent leur testament mutuel le 5 juillet 1644; par cet acte, ils déclarent faire profession de la religion réformée; font divers legs pieux et autres, et nomment leurs enfants dans l'ordre ci-après:

1° Noble messire Nicolas de Brocas, écuyer, seigneur du Freiche, Sauros, Saumejan, et baron de Montpouillan, conseiller, secrétaire du Roi, maison et couronne de France, contrôleur en la chancellerie près la Cour des Aydes et Finances de Guienne. Par acte passé le 6 janvier 1648, haut et puissant seigneur messire François de Caumont de La Force, marquis de Castelmoron, seigneur et baron de Montpouillan, Cazenave, Castelnau de Cernes, Balizac et autres places, engagea pour quatre années, audit Nicolas de Brocas, la baronnie, terre et seigneurie de Montpouillan, consistant en un château avec justice haute, moyenne et basse, et autres droits et devoirs seigneuriaux, moyennant la somme de 30,000 livres, sur laquelle ledit sieur de Brocas compta 27,204 livres, que ledit marquis de Castelmoron et dame Marguerite de Vicose, son épouse, devaient à noble Alexandre Sacriste, seigneur de Malvirade et du Greset, et à dame Marie de Vicose, épouse de ce dernier, d'après une transaction du 29 août 1646. Le 26 août 1651, il reçut de M. de Roquetaillade, sénéchal d'Albret, l'ordre de se trouver à l'Assemblée générale de la Noblesse. Par ordonnance du 12 octobre 1652, datée du camp devant Sainte-Bazeilhe, les marquis du Plessis-Bellière et de Sauvebœuf, lieutenants généraux, commandant en Guienne, décrétèrent que les biens, bestiaux et grains qui se trouveraient dans la maison du sieur de Brocas du Freiche, en la ville de Sainte-Bazeilhe, seraient, vu les services qu'il avait rendus au Roi, conservés pour lui être remis. Au mois d'octobre 1659, Nicolas de Brocas eut l'honneur de recevoir et de loger dans sa maison de la rue de Veyries, à Casteljaloux, le roi Louis XIV et sa mère, Anne d'Autriche, lorsqu'ils se rendaient à Toulouse. Il donna en ferme, le 27 juin 1662, au sieur du Casse, curé de Saumejan, la dîme de cette paroisse, et le 29 novembre 1697, fit enregistrer ses armes dans l'Armorial Général de France, à Bordeaux, de la manière suivante : *d'argent, à 3 étoiles d'azur, rangées en bande, écartelé de gueules, à 2 tenailles d'or.* Il avait épousé, par contrat du 27 janvier 1644, damoiselle Jeanne Sacriste de Malvirade, fille de feu noble Gabriel Sacriste, seigneur de Malvirade, Le Greset, Samazan, et de damoiselle Catherine de La Lande. Il fut assisté, dans cet acte, de noble Jean-Denis de Noailhan, seigneur de Villeneuve, son oncle; Gabriel et Bertrand de Brocas, seigneurs de Tampouy et de Maubert, ses cousins; — la future, de noble Alexandre Sacriste, seigneur de Malvirade, et Pierre Sacriste, seigneur, baron de Samazan, ses frères; noble François de Morin, conseiller du Roi en la Cour de Parlement de Bordeaux, seigneur et baron du Sendat; noble François de Paloque, seigneur dudit lieu et de Labanie. Le contrat fut passé dans la maison noble de Malvirade, paroisse de Cavagnan, juridiction de Bouglon, en Albret. Nicolas de Brocas était, en 1653, tuteur de ses neveux, nobles Alexandre, Pierre, et damoiselle Anne du Lyon, enfants de feus Jacques du Lyon, seigneur de Campet et de Geloux, et de damoiselle N... Sacriste de Malvirade. Il eut pour enfants de sondit mariage :

A. Noble Antoine de Brocas, écuyer, seigneur de Sauros, en Bazadois, maire perpétuel de la ville de Bazas (1689, 1693), conseiller, secrétaire du Roi, maison et couronne de France, et contrôleur en la chancellerie près la Cour des Aydes et Finances de Guienne, mort à Casteljaloux le 14 mars 1709, avait épousé, par contrat du 22 septembre 1675, passé dans la ville de Clairac, en Agenois, damoiselle Marie de Loches, qui reçut en dot 20,000 livres, fille de Mr Me David de Loches, avocat en Parlement, et de demoiselle Suzanne Ducamp (acte passé dans la maison de messire Gratien de Bar, seigneur et baron de Mauzac. Ont signé, entre autres : Bacalan, Samazan de Mauzac, L. Brissac, Marcellus de Gascq, Massac, etc. De cette union :

> Noble Jean-Baptiste de Brocas, seigneur de Sauros, servait, le 28 février 1696, dans le régiment d'Auvergne, en qualité de sous-lieutenant, sous les ordres du colonel le chevalier de Chavigny. Il a laissé :
>
> > I. N... de Brocas, mariée à noble N... de Joly de Bonneau;
> > II. N... de Brocas, alliée à noble N... de Beraud.

On trouve aussi :

C. Gabriel de Brocas, marié à Catherine de Sollier, morte le 6 février 1674, dont

> a. Louis de Brocas, sieur du Puch, mort le 11 février 1684;
> b. Suzanne de Brocas, mariée, le 5 juin 1668, à noble Daniel de Cabanieux, morte le 31 octobre 1707;
> c. Louis de Brocas, sieur de La Serre.

2º Noble Antoine de Brocas, écuyer, sieur de La Flotte, pourvu, après son père, de la charge de conseiller du Roi, lieutenant général au siége de Casteljaloux, épousa, par contrat passé devant Pommiers, notaire à Auros, damoiselle Marie DE FABRY, laquelle, après la mort de son mari, vendit, le 28 février 1660, l'office de lieutenant général au siége de Casteljaloux, à Mr Me Jean-Jacques de Mothes, sieur de La Béziade. Antoine de Brocas reçut la lettre suivante de Henry de Bourbon, prince de Condé, chef du Conseil de la Régence et ministre d'État sous la minorité du roi Louis XIV :

« Monsieur de Brocas, je vous diray, pour response à vostre lettre, que je suis bien
» marry de la mort de vostre père, l'office duquel estant conservé dans sa famille
» selon le droit des parties casuelles, vous ne debvés point doubter que je n'en donne
» ma nomination, ainsy qu'il est accoustumé en semblable cas, à celuy que vouldront
» ceux à qui ledit office appartient, pourveu que ce soit un gradué capable et faisant
» profession de la relligion catholique et romaine.

      » Je suis,
           » Monsieur de Brocas,
                » Vostre meilleur amy
                    » HENRY DE BOURBON.

» Paris, le xiije febvrier 1645. »

Antoine de Brocas mourut dans sa maison de Bachac le 11 décembre 1650, et fut enterré dans l'église dudit lieu. Il laissa de sondit mariage :

A. Noble Nicolas de Brocas, écuyer, sieur de La Flotte, lieutenant dès le 14 août 1685, puis mort capitaine dans le régiment du Roi-Infanterie, compagnie du sieur de Bougez;

B. Damoiselle Louise de Brocas de La Flotte, mariée, par contrat passé le 13 décembre 1664, à noble Pierre de Chambonneau de Burous, écuyer de la grande écurie du Roi et avocat en la Cour, fils de feu Salomon Chambonneau et de damoiselle Jeanne de Laban.

3º Joseph, qui a continué la descendance;

4º Damoiselle Rose de Brocas, mariée, par contrat passé le 14 septembre 1642, de l'agrément de ses père et mère, à noble Benjamin de Feytis, écuyer, sieur de La Coste, de Frapereau et de La Gruère, fils de noble Daniel de Feytis, écuyer, sieur desdits lieux, et de dame Marie de La Barrière, en présence de : ses père et mère; Nicolas et Antoine de Brocas, ses frères; noble Jean-Denis de Noailhan, écuyer, seigneur de Villeneuve, son oncle; Gabriel de Brocas-Tampouy, Bertrand et Gratien de Brocas, ses cousins germains; noble Henry de Bacoue, sieur de Tauranac; Me Gabriel Augier, conseiller du Roi, avocat au siége de Casteljaloux; nobles Daniel et Antoine du Castaing, écuyers; Mr Me Nicolas de L'Église, avocat en la Cour; noble Étienne de L'Église, écuyer — ses parents et oncles à la mode de Bretagne. Du côté du futur, de ses père et mère; Mr Me Jean de Bacoue, conseiller du Roi, lieutenant criminel au siége de Casteljaloux, son grand oncle; noble Marc de Sangosse, sieur de Bellac, son oncle; noble François d'Estrades, seigneur de Bonneuilh et de Savignac, conseiller et maître d'hôtel de Sa Majesté; noble N... de La Tourette, seigneur de Monneries; nobles Alexandre et Pierre Sacriste, seigneurs de Malvirade, Le Greset et Samazan; Mr Me Pierre de La Barrière, avocat en la Cour de Parlement; Jean de La Barrière, capitaine; Mr Me François de Bacoue, lieutenant criminel au siége de Casteljaloux; etc. Rose de

Brocas était veuve et habitait à Condom en 1698, époque où on trouve son nom sur la capitation de la noblesse de cette sénéchaussée. Elle fit registrer les armes de la maison de Feytis, à Bordeaux, en l'Armorial Général de France, le 6 février 1699.

V. Noble Joseph DE BROCAS, écuyer, sieur de La Nauze et de Las Grézères, passa, le 11 septembre 1652, avec damoiselle Marie de Fabry, veuve d'Antoine de Brocas, son frère, une transaction concernant les successions de ses père et mère. Il épousa, par contrat en date du 1ᵉʳ février 1655 *(cop. en parch.)*, damoiselle Henrye DE BRIZAC, fille de Mʳ Mᵉ Joseph de Brizac, conseiller du Roi et son avocat général en la Cour des Comptes de Navarre, et de damoiselle Anne de Frère. Par cet acte, qui fut passé à Nérac dans la maison du sieur de Brizac, les parties déclarèrent appartenir à la religion réformée; le futur procéda du consentement de Judith de La Mazellière, sa tante, et de noble Bertrand de Brocas-Maubert, son cousin; la future reçut en dot une constitution de 8,000 livres, et procéda de l'avis et consentement de ses père et mère; Mʳ Mᵉ Jacques de La Borde, conseiller du Roi, et son trésorier général d'Albret, et Mʳ Mᵉ Jérémie du Casse, avocat en la Cour de Parlement de Bordeaux, ses beaux-frères; noble Henry de Vacquier, sieur du Lamon, etc.

Joseph de Brocas transigea, le 24 septembre 1658, avec le sieur de Samazan et Nicolas de Brocas du Freiche, pour raison de la succession du sieur du Castaing, son aïeul maternel, et testa, le 28 février 1685, devant de Belloc, notaire royal. Henrye de Brizac étant veuve, testa le 2 juillet 1709 et nomma ses enfants comme suit:

1º Noble Joseph de Brocas, sieur de La Nauze, maintenu dans son ancienne noblesse d'extraction, lieutenant, aide-major dans le bataillon de Launay, au régiment du Roi-Infanterie, en 1685, décédé sans postérité;

2º Noble Pierre de Brocas, écuyer, marié, le 27 septembre 1687 *(cop. en parch.),* à damoiselle Jeanne DE BAROQUE, est nommé dans la *Gazette de France* comme se trouvant, le 24 octobre 1676, étant alors lieutenant dans le régiment de Picardie, à une affaire près de Hédin, où les Français eurent l'avantage. Il n'a pas laissé de postérité;

3º Noble Nicolas de Brocas, écuyer, sieur de La Roquette, nommé capitaine au régiment de Bourgogne-Infanterie, par commission du 26 octobre 1693, puis capitaine au régiment de Noailles, mort sans descendance;

4º Daniel, qui a continué la postérité;

5º Anne de Brocas, demoiselle, mariée à N... Brun, conseiller du Roi, lieutenant assesseur au siége de Casteljaloux;

6º Henrye de Brocas, ⎫
7º Blanche de Brocas, ⎭ non mariées.

VI. Noble Daniel DE BROCAS, écuyer, sieur de Las Grézères, épousa: 1º par contrat passé le 5 avril 1701, damoiselle Isabeau DE COURSAN, fille de feu Louis de Coursan, et de damoiselle Marie Latané; ce contrat fut signé à Saint-Martin de Curton, juridiction de Casteljaloux; 2º par contrat passé le 21 septembre 1715, damoiselle Marie DE FOURCADE, fille de feu noble Sylvestre de Fourcade, écuyer, sieur de Latraug, et de damoiselle Suzanne Piffon (contrat signé dans la paroisse de Masseilles, prévôté de Bazas, en présence de nobles Bernard, Bertrand et Paul de Fourcade, écuyers, frères de la future; noble Pierre de Fourcade, écuyer, son oncle; dame Élisabeth de Caumont, sa belle-sœur, etc.).

Daniel de Brocas partagea avec Joseph et Anne de Brocas, ses frère et sœur, le 26 avril 1715, les successions de leurs père et mère. Dès le 9 février 1705, Jean-Denis de Brocas, sieur de Maubert, capitaine dans le régiment de Normandie, avait donné à Daniel de Brocas, sieur des Grézères, son cousin, la lieutenance de sa compagnie, dont le Roi lui avait permis la disposition, à la charge par ledit Daniel de Brocas de fournir trois hommes bons et agréés pour ladite Compagnie. Par arrêt des commissaires généraux, à la date du 50 décembre 1717, Daniel de Brocas fut maintenu dans son ancienne noblesse d'extraction et qualité d'écuyer. Dame Marie de Fourcade, son épouse, fit son testament devant Beauroche, notaire à Casteljaloux, le 20 janvier 1724; par cet acte, elle institua pour son héritier général et universel le chevalier de Tamaignan, son neveu; laissa à son époux, afin de reconnaître les bons soins qu'elle en avait reçus, la jouissance de tous ses biens, et demanda à être inhumée et ensevelie dans l'église de Saint-Martin de Curton. Du premier mariage de Daniel de Brocas étaient provenus :

1º Pierre-Henry, dont l'article suit;

2º Isabeau-Blanche de Brocas, ⎫ non mariées, instituées héritières particulières de leur
3º Marie I de Brocas,   ⎬ père, par son testament fait devant Margartaud,
4º Marie II de Brocas,   ⎭ notaire à Casteljaloux, le 1er mars 1752 (copie en parch.).

VII. Noble, messire Pierre-Henry DE BROCAS, Ier du nom, écuyer sieur de Las Grézères, cadet-gentilhomme dans le régiment de Santerre en 1720, né le 19 avril 1702, habitant de la ville de Casteljaloux, épousa, par contrat passé le 15 mars 1728, demoiselle Jeanne DU CASSE, de Casteljaloux, fille de feu Joël du Casse, sieur de Les Hontines, et de demoiselle Françoise Sauvage. Le 26 janvier 1750, il reçut procuration de Daniel de Brocas, son père, co-héritier de la dame comtesse de Clermont, afin de se transporter à Bordeaux, et y poursuivre le procès qui était pendant au Parlement, relatif à la succession de ladite dame. Pierre-Henry de Brocas fit son testament le 14 janvier 1774, nomma ses enfants dans l'ordre ci-après, et institua héritier universel son fils aîné. De sondit mariage étaient provenus :

1º François, dont l'article suit;

                               ⎧ Leur père ne leur laissa rien par son testament, parce
2º Michel de Brocas;   ⎪ qu'ils avaient fait profession de la vie religieuse dans
3º Marc-Antoine de Brocas.   ⎨ l'ordre de Citeaux, et qu'ils ne pouvaient rien recevoir
                               ⎪ en vertu des lois du Royaume. Ces deux frères ont
                               ⎩ émigré pendant la Révolution.

4° Joseph de Brocas, prêtre, curé de Saint-Sève, près La Réole;

5° Élisabeth de Brocas, ⎱
6° Marie de Brocas, ⎰ mortes célibataires.

VIII. Messire François de Brocas, écuyer, sieur de La Nauze, né le 28 février 1752, habitant à Casteljaloux, épousa, le 9 août 1758, damoiselle Jeanne-Antoinette DU CASSE DU MIRAIL, héritière de la maison noble de Mons *ou* Carnine, fille de noble Bernard du Casse, sieur du Mirail, et de dame Élisabeth de Joly d'Esclarens, habitants de Casteljaloux, paroisse Saint-Raphael. (Le même noble Bernard du Casse, en son nom et celui de son épouse, rendit foi et hommage au duc de Bouillon pour sadite maison noble de Carnine, le 15 mai 1721.) François de Brocas et son père firent signifier par huissier, le 14 mars 1777, aux maire, jurats et habitants de Casteljaloux, l'arrêt de la Cour des Aydes de Bordeaux qui les confirmait de nouveau dans leur ancienne noblesse d'extraction. François de Brocas fut institué héritier général et universel de Jeanne du Casse, sa mère, par le testament de celle-ci du 25 août 1754. Il a laissé de sondit mariage :

1° N... de Brocas, mort célibataire;

2° Pierre-Henry, qui a continué la descendance.

IX. Messire Pierre-Henry DE BROCAS DE LA NAUZE, II° du nom, écuyer, baptisé dans l'église Notre-Dame de Casteljaloux le 1er août 1762, obtint, le 10 août 1782, de M. Chérin, généalogiste des Ordres du Roi, le certificat de noblesse requis pour le service militaire, et entra comme sous-lieutenant au régiment de Limosin, compagnie de M. de Montbrison, de Casteljaloux, le 20 février 1784. Le 8 juillet 1786, il passa avec le même grade dans la compagnie des chasseurs du même régiment; émigra en 1791 et fit la campagne de 1792 dans le corps des Mousquetaires (2° compagnie noble d'ordonnance). Licencié avec ce corps après la campagne, il demeura à l'Étranger jusqu'à l'amnistie. Le 11 mars 1814, M. de Brocas eut l'honneur d'accompagner Monseigneur le duc d'Angoulême à son entrée à Bazas, lors de son retour en France, et fut décoré à cette occasion des insignes du Brassard-Bordelais. Il est décédé au château de Carnine le 24 janvier 1824, laissant du mariage qu'il avait contracté le 26 juin 1804 avec demoiselle Thérèze-Fanny DE MIRAMBET, de la ville de Bazas, fille de messire Jean de Mirambet, écuyer, chevalier de l'Ordre royal et militaire de Saint-Louis, ancien lieutenant au régiment de La Tour du Pin et ancien émigré, et de dame Jeanne d'Armand :

1° Pierre-Henry de Brocas, mort en bas âge;

2° Louis-Hyacinthe de Brocas, décédé sans alliance;

3° François-Vosy, qui continue la postérité;

4° Jeanne-Hébé de Brocas, mariée à M. François de Poumeyrol, président honoraire de la Cour Impériale de Bordeaux.

X. Noble François-Vosy DE BROCAS DE LA NAUZE, écuyer, chef des nom et armes de sa maison, habitant au château de Carnine, près Casteljaloux, a épousé, du consentement de sa mère, le 25 mai 1846, mademoiselle Mathilde-Marie-Françoise DE VILLESPASSANS DE FAURE, fille de M. Théophile-Raymond-Isabeau de Villespassans de Faure, marquis de Saint-Maurice, baron de Montpaon, ancien chevau-léger de la garde du roi Louis XVIII, décoré de la Légion-d'Honneur, et de madame Olympie-Marie Baudens. De ce mariage :

1º Noble Guillaume-François-de-L'Ile de Brocas de La Nauze, né au château de Carnine le 31 octobre 1849 ;

2º Thérèze-Théophile-Genevière de Brocas de La Nauze, née à Toulouse le 28 juin 1847, morte au château de Saint-Chamaux, en Albigeois, le 3 janvier 1851 ;

3º Antoinette-Marie-Félicie de Brocas de La Nauze, née au château de Carnine le 29 août 1852.

DE PICHON,

Hauts et puissants seigneurs, MESSIRES, NOBLES, ÉCUYERS, CHEVALIERS, SEIGNEURS DE LA
FONT, LA ROCHETTE, MONTAIGU, LUZERIO, CARRIET, LE CAILLAU, PRADELLE,
SÉNILHAC, RÉTHAU, PONTHIEU, MONTGAILLARD, MUSCADET, VALLIER, MASGÉSIR,
CAUPENNE, LABOURET, PEAUT, LES MARAIS, ROUCHAUD; — BARONS DE PAREMPUYRE
et DE LONGUÉVILLE; — CO-SEIGNEURS DE MARMANDE; — SUZERAINS D'ARSAC, etc.; —
en Agenois, Bordelois, Médoc, Saintonge, Poitou, etc.

———

ARMES : *Parti, au 1 d'azur, au chevron d'or, accompagné en chef de 2 molettes d'éperons du
même, et en pointe d'un agneau passant d'argent surmontant un croissant du même,* qui est
DE PICHON; *au 2, coupé : au 1 de gueules, au lion d'or, accompagné en chef de 3 étoiles du
même,* qui est DE BAVOLIER; *au 2 du coupé, d'argent, à la bande de gueules chargé d'une rose
d'or, accostée de 2 roues du même,* qui est D'AFFIS. Couronne de marquis; supports : deux
griffons.

———

Très-ancienne famille de Guienne, féconde en personnages éminents dans l'Église
et la magistrature. M. Laîné de La Marre, successeur de M. de Courcelles, a publié,
dans le tome VI des *Archives de la Noblesse*, une généalogie complète de la maison
de Pichon. Nous allons analyser et compléter ce travail.

Richard DE PICHON, prévôt royal du palais de l'Ombrière, à Bordeaux, vivant au
XIIᵉ siècle, bâtit et fonda l'église Sainte-Colombe, dans laquelle on voyait encore ses
armes en 1612, sculptées sur l'un des piliers et peintes sur les vitraux du maître-autel
(Preuves de Malte pour Jacques de Pichon-Pradelle, 1612). Ces mêmes preuves
établissent encore que ces armes étaient peintes sur un livre datant de 1462, conservé
à l'Hôtel-de-Ville de Bordeaux.

Guillaume DE PICHON, évêque de Saint-Brieuc en 1229, mourut saintement en 1254.

I. Jacques DE PICHON, Iᵉʳ du nom, écuyer, seigneur de La Font, porté sur un rôle
d'écuyers en 1580, eut de Marguerite DE BEAUVILLE, son épouse :

1° Jean, qui suit;
2° Pierre de Pichon assista en qualité de secrétaire du Roi, en 1443, au traité de paix
que Dunois conclut entre les rois de France et d'Angleterre.

II. Noble Jean DE PICHON, Iᵉʳ du nom, seigneur de La Rochette et de Montaigu,
conseiller du Roi au Parlement de Paris en 1420, eut de Catherine DE VILLENEUVE,
sa femme :

III. Noble Raoul DE PICHON, seigneur de La Rochette, Montaigu, Luzerio, Carriet, Le Caillau, conseiller au Parlement de Paris en 1454, puis conseiller d'État du roi Louis XI, épousa en premières noces Blanche LE PICARD DE PLATTEVILLE, puis Catherine RATTE, d'une famille noble de Bourges. Il eut de ce second mariage :

IV. Jean DE PICHON, II⁰ du nom, écuyer, seigneur de la maison noble du Caillau, jurat-gentilhomme de Bordeaux en 1555, marié en 1549 avec Mathurine DE GUÉRIN. Il eut de cette union :

1º Richard, dont l'article suit;
2º Jacques de Pichon, auteur des seigneurs DE PRADELLE et DE SENILHAC, en Saintonge, dont la postérité s'est éteinte dans le siècle dernier après s'être fondue dans la maison de Branda-Terrefort, et par celle-ci dans la branche de Pichon Longueville. Ils s'étaient alliés aux familles de Richard, de Pontac, des Aygues, du Lys, de Boucaud, de Balan, de Castaing, de Branda, etc., et avaient produit entre autres illustrations : un trésorier général de France, jurat gentilhomme de Bordeaux en 1573; un contrôleur général des finances en Guienne; un chevalier commandeur de l'Ordre de Malte, amiral des Bordelais au siége de Libourne; un conseiller d'État, procureur général au Parlement de Bordeaux; un conseiller en la même Cour, etc. Nous ignorons si Jacques de Pichon, conseiller du Roi, président d'honneur au siége présidial de Saintes, anobli par lettres données à Versailles au mois de septembre 1700, registrées le 23 août 1701 *(arch. de Bord.)*, appartenait à cette branche. — Pierre Jean-Baptiste PICHON, déporté de la province de Saintonge pendant la Révolution, a eu pour neveux et héritiers, en 1826, dans la répartition de l'indemnité : Nicolas Pichon de Richemont, Pierre-Xavier, Marguerite-Anne-Julie et Joséphine Pichon.

V. Richard DE PICHON, écuyer, seigneur de la maison noble du Caillau, clerc ordinaire de la ville de Bordeaux, mourut en 1604. Par lettres données à Blaye au mois de février 1577, registrées le 5 juin 1597, il fut anobli par le Roi Henry III; il le fut de nouveau par lettres données au camp de Gergeau au mois de juin 1589, registrées le 51 mars 1590 *(arch. de Bord.)*. Mais ces lettres de noblesse qu'Henry III avait la manie de distribuer à ses sujets déjà nobles, et dont nous avons déjà cité un exemple à l'article de la maison du Vergier, n'étaient en réalité qu'une haute marque de faveur royale, qu'il eût été imprudent aux favorisés de refuser. On conçoit donc pourquoi tant de familles anciennes et distinguées acceptèrent du protecteur de la Ligue des anoblissements qui n'avaient d'autre but que de les lier plus étroitement au souverain. Les mêmes faits se reproduisirent du reste sous Louis XIV, après la reddition de Bordeaux.

Richard de Pichon avait été marié en 1560 avec Peyronne DE SABAROS. Il en eut :

VI. François DE PICHON, I⁰ʳ du nom, chevalier, seigneur de Carriet, Muscadet, Le Caillau, conseiller au Grand Conseil, maître des Requêtes, président à mortier, conseiller du Roi en ses conseils d'État et privé, second président au Parlement de

Guienne, mort en janvier 1648, laissa de son mariage, contracté en 1602, avec Catherine DE BAVOLIER :

1º Bernard, qui suit;
2º Messire Jacques de Pichon, chevalier, seigneur de Muscadet et du Caillau, conseiller, puis président aux Enquêtes du Parlement de Bordeaux, colonel d'un régiment de son nom, marié à Jeanne DE MASSIP. Sa petite-fille épousa le comte d'Estillac, et hérita de cette branche. Son second fils, Jacques de Pichon-Muscadet, fut chevalier de Malte et commandeur de Raissac.

VII. Messire Bernard DE PICHON, chevalier, seigneur de Carriet, baron de Longueville et de Parempuyre, conseiller du Roi en ses conseils d'État et privé, grand président du Parlement de Guienne, fut l'un des personnages les plus marquants à Bordeaux durant les troubles de la minorité de Louis XIV. Il épousa en premières noces, le 19 août 1658, Catherine DE LA LANNE; 2º le 8 septembre 1646, Anne D'AFFIS, baronne de Longueville, veuve de Gabriel de Jaubert de Saint-Gelays, comte de Bourzac. Du premier lit :

1º Finette de Pichon, mariée : 1º à Pierre d'Abzac, marquis de La Douze; 2º à Louis David, baron du Petit-Puy; 3º à N... de La Faurie. De ce dernier mariage sont issus les seigneurs de La Faurie de Montbadon, les ducs de Lorges, la marquise de Donissan, la comtesse de Chastelux, etc.

Du second lit :

2º François, dont l'article suit ;
3º Jacques-François de Pichon, chevalier, seigneur, baron de Longueville, maintenu dans sa noblesse de race, comme cadet de sa maison, par ordonnance de l'intendant de Bordeaux, en date du 25 janvier 1698, marié en 1694 à Thérèze DES MESURES DE RAUZAN, dont :

Jacques de Pichon, chevalier, seigneur, baron de Longueville, conseiller-lay en la Grand'Chambre du Parlement de Bordeaux, marié en 1730 à Germaine DE LAJUS, dont :

Jean-Pierre de Pichon, chevalier, seigneur, baron de Longueville, reçu conseiller-lay au Parlement de Bordeaux le 14 juillet 1751, marié en 1747 à Marie-Barbe BRANDA DE TERREFORT, fille de François-Raymond Branda de Terrefort et de Thérèze de Pichon-Sénilhac, dont :

Messire Joseph de Pichon, chevalier, baron de Pichon-Longueville, assista en 1789 à l'Assemblée de la Noblesse de Bordeaux. Député par la ville de Bordeaux, en 1816, pour complimenter le Roi, à l'occasion du mariage du duc de Berry, puis en 1820, à l'occasion de la naissance de Monseigneur le duc de Bordeaux; marié en 1784 à Marguerite-Rosalie-Félicité DE PELET D'ANGLADE, dont :

1º' Raoul-Jacques-Albert-Paulin, chevalier, baron de Pichon-Longueville, chevalier du Brassard-Bordelais, décoré de la Légion-d'Honneur en 1815, des mains de *Madame*, duchesse d'Angoulême; lieutenant de cavalerie en 1816; membre du Conseil Général de la Gironde, démissionnaire en 1830; marié en 1819 à Marie-Marthe-Armande-Félicité-Pétronille DE RAYMOND DE LA LANDE.

2°' Louis-Antoine-Joseph, chevalier de Pichon-Longueville, brigadier dans les volontaires royaux, chevalier du Brassard-Bordelais, et décoré de la Légion-d'Honneur en 1814; mort en 1835.

3°' Marie-Joséphine-Thérèze-Sophie, comtesse de Pichon-Longueville, chanoinesse du chapitre royal de Sainte-Anne de Munich, en Bavière, en 1823;

4°' Marie-Laure-Fortunée-Virginie de Pichon-Longueville, épouse de Henry, comte de Raymond de La Lande;

5°' Joséphine-Gabrielle-Blanche de Pichon-Longueville, mariée à Pierre-Paul-Éléonore, vicomte de Souris de Lavaud de Sainte-Fortunade.

VIII. François DE PICHON, IIᵉ du nom, chevalier, seigneur de Carriet, La Mothe, Caupenne, Labouret, Vallier, baron de Parempuyre, épousa, le 12 décembre 1671, Benoîte D'ALESME D'ARÉRAC, dont :

IX. Haut et puissant seigneur Jacques DE PICHON, IIᵉ du nom, chevalier, baron de Parempuyre, seigneur de Carriet, La Mothe, Caupenne, Labouret et autres places, conseiller en la grand'chambre du Parlement de Bordeaux, marié, le 25 mai 1709, à Marie DU ROY, dont :

X. Messire Jean-Joseph DE PICHON, écuyer, chevalier, baron de Parempuyre, seigneur de La Mothe, Caupenne, Labouret, Carriet et autres lieux, suzerain de la terre d'Arsac, marié avec N... DE JOGUET, dont :

XI. Messire Guillaume DE PICHON, chevalier, co-seigneur, baron de Parempuyre, a assisté en 1789 à l'Assemblée de la Noblesse de Bordeaux. Il est mort en 1815, laissant de son mariage, contracté le 18 septembre 1800, avec sophie DE QUEUX :

1° Charles, baron de Pichon, député avec le marquis de Lur-Saluces et MM. Papin et Dalos, par les légitimistes de Bordeaux, pour complimenter Monseigneur le Duc de Bordeaux sur sa majorité. Il est décédé en 1851;

2° Hippolyte, dont l'article suit;

3° Noble Gustave de Pichon, entré en 1823 à l'École militaire de Saint-Cyr, puis sous-lieutenant dans les carabiniers, marié en 1837 à mademoiselle Estelle LE GARDEUR DE TILLY. De ce mariage :

A. Noble Raoul de Pichon, né en octobre 1838;

B. Berthe de Pichon, mariée avec Alexandre Grand de Luxolière, baron de Bellussière;

C. Hélène de Pichon;

D. Sophie de Pichon;

E. Mathilde de Pichon;

F. Marie de Pichon;

G. Florence de Pichon;

NOBILIAIRE

DE GUIENNE

ET DE GASCOGNE.

www.ingramcontent.com/pod-product-compliance
Lightning Source LLC
Chambersburg PA
CBHW070910280326
41934CB00008B/1665